甲子園ホテル物語

西の帝国ホテルとフランク・ロイド・ライト

三宅正弘

東方出版

1. 武庫川女子大学甲子園会館（旧・甲子園ホテル）
ホテルの心臓部である厨房が中央（半地下）に設計され、ホテルの顔・メインダイニングが
東ウイング（写真奥１階）に配された。設計者は南の陽をうける厨房を誇り、名コック達の競演が繰り広げられた

2. 水平線を描く正面エントランス部分は、ホテル時代はパブリックスペース。
左右対称の両翼に客室がまとめられていた

3. 園遊会で賑った庭園
庭側西ウイング１階がバンケット、東側１階がメインダイニング。それら両翼が半地下の厨房で結ばれた

5. 対比鮮やかなデザインで彫られた日華石

4. テラスにかかる日華石の彫刻

6. 夕日に映える東ウイングとルーフガーデン

ルーフガーデンでは、六甲山の山並みを望み、ホテル時代は喫茶や映画も楽しまれたという

8. 松の緑と一つになるように工夫された屋根瓦

7. 日華石やボーダータイルなど多彩な素材で飾られた壁面

10. 多彩なタイルと日華石の彫刻

9. 日華石に描かれた幾何学模様

11. ロビー　テラスから庭園につながる吹き抜けのレセプションルーム（２階からもこの室内が望める）

12. 灯りをともす日華石の造形が連続する廊下

13. 市松格子の天井や欄間のような日本趣味でまとめられている西ホール。
ホテル時代にはバンケットホールとして使われた

14. 西ホールには日本の伝統的意匠が施され奥に階上オーケストラボックスがある

15. 東ホールに高く折り上げられた天井や装飾は、ライトによる芦屋・山邑邸とも少なからず共通している。ホテル時代はメインダイニングとして名コックたちのフランス料理が披露された

16. 噴水の水面に連なる打出の小槌

17. レセプションルーム

18. ホテルのもう一つの顔・バー

19. 林式といわれた和洋による客室

21. 大湯池に浮かぶ屋形舟とホテル
（阪神電鉄所蔵）
設計者、遠藤新は三層の屋根が緑と溶け込み水に近づくよう建築と庭との連続性に心を砕いた

20. 洋風二人室

22. ゲストをあたためたバーに敷かれた対比鮮やかなタイル

23. 多彩なタイルで織り成された壁面

ライトと弟子による三色の石物語

24. 帝国ホテル
（ライト館・現明治村に保存）
＝大谷石

25. 甲子園ホテル＝日華石

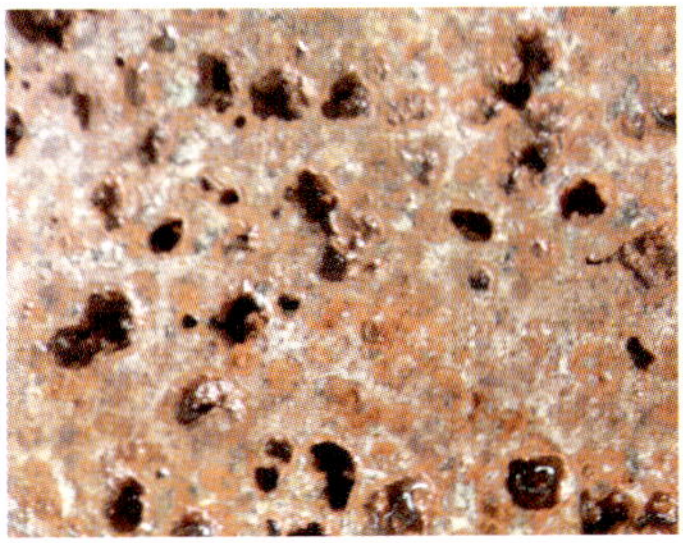

⇦谷川正己氏の研究で示された「ライトが惚れた蜂の巣石」
蜂の巣石と日華石はともに石川県小松市に産する

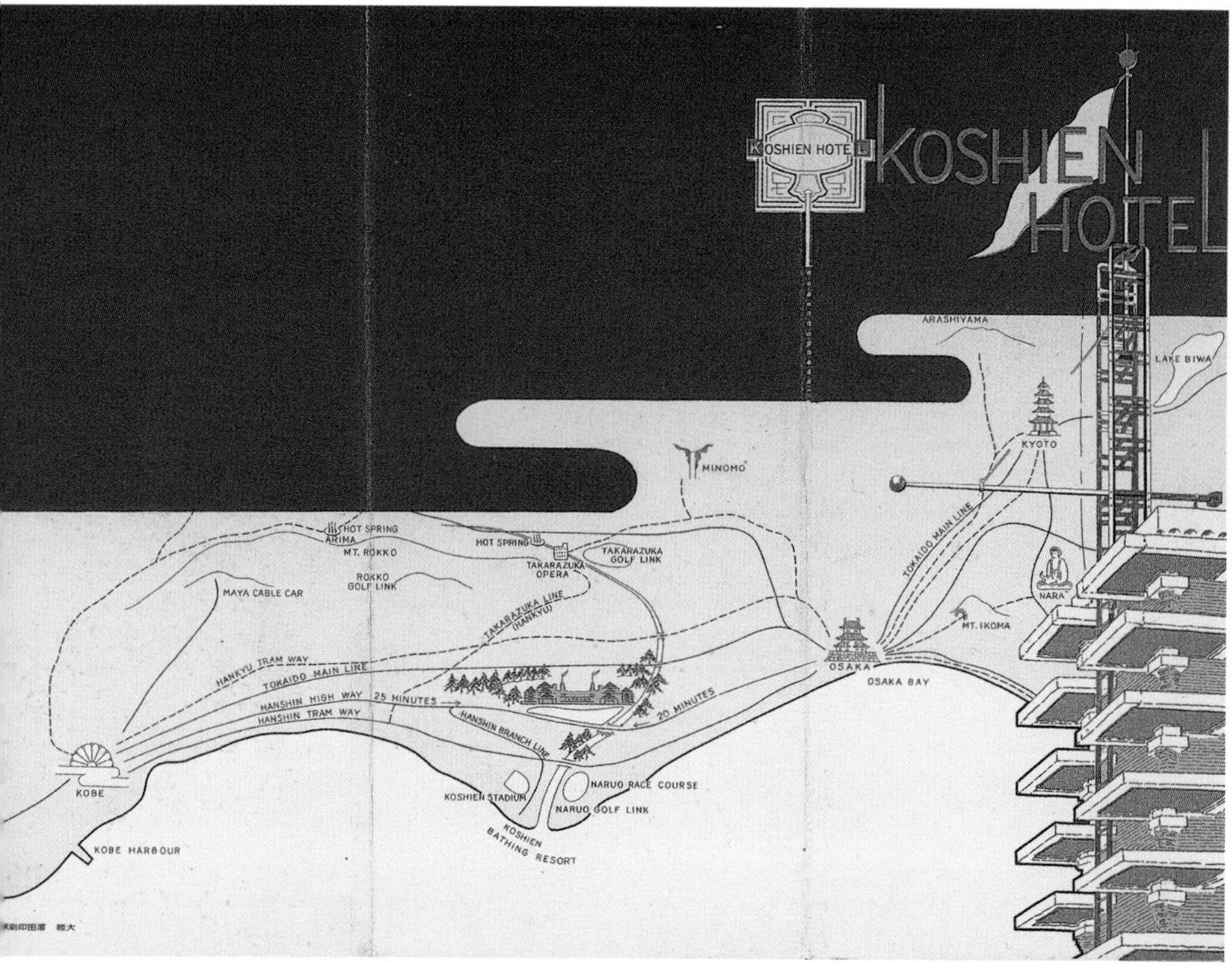

ランチのことをティフィンと書かれている。

甲子園ホテル

(阪神國道)
兵庫縣甲子園
電話西ノ宮：2115, 2116(長)
2117—2120
郵便私書函：西ノ宮 27
振替大阪 56,899

交　通

阪神電鐵本線：甲子園停留所下車、バス又は電車にて五分
東海道本線：大阪驛より自動車にて廿分
(驛にはホテル送迎人が出張して居ります)
三ノ宮驛より廿八分
西ノ宮驛よりは自動車國道バス電車の便あり十分
國道バス及び電車：上甲子園停留所下車

御　食　事

定　食
朝　金一圓五十錢
晝　金二圓
夕　金二圓五十錢
一品料理　日本料理も致します

御會食

祝宴　神前御結婚式等
御便利御用命に應じます

寫眞說明

1 洋風一人室
2 大宴會場
3 屋上庭園
4 正面
5 應接室
6 和洋二室—應接室より見たる日本間
7 同上—日本間より見たる應接室
8 四階日本室—寝床及びバネ衝閣
9 食堂
10 洋風二人室

KOSHIEN HOTEL

(Mid-way between Osaka and Kobe on Hanshin Highway)

KOSHIEN HYOGOKEN JAPAN

■

■ OPENED APRIL 1930 ■

Eastern Charm
Western Convenience

■

Telephone: Nishinomiya 2115-20
Mail: P.O. Box 27-Nishinomiya
Cable address: "KOSHIEN" Nishinomiya
Code: Bentley

Here you will find the blended refinements of two continents, set in a garden spot of isolated beauty, yet only 25 minutes by bus, tram or car to Osaka or Kobe. Beach resort, golf links, opera, hot springs, and race course—all within a short distance.

Average Room Tariff

Single room without bath	¥5.00
Double room with bath (for one)	8.00
Double room with bath (for two)	12.00
Suite with bath (Foreign or combination of Japanese and foreign style)	¥10.00

Koshien Hotel is seen from the Hanshin Highway, set in a cool pine grove, across a crystal-clear lake. In the background rise the wooded hills of Rokko. The building itself is a gem of architectural beauty, and is fireproof, earthquake proof, and contains every modern convenience for the comfort of the guests.

Dining Room Service

Table d'hote

BREAKFAST	¥1.50
TIFFIN	2.00
DINNER	2.50

26. **パンフレット**　「東洋の魅力」や「家庭的なホテル」といったホテルのコンセプトがしめされている。

甲子園ホテル

郊外のホテルです

松樹の間　水の邊り　一望　山海に近く武庫川畔の勝地に建つてゐます

便利なホテルです

阪神國道に沿ふて東西いづれよりも交通極めて便利です

家庭的なホテルです

間取　意匠總て家庭らしい設計です

氣持よいホテルです

内外人　御婦人　御家族連れにも都合よく出來て居ります

四季を通じて結構なホテルです

夏涼しく　冬暖かく　惠まれたる自然の環境に四季とりどりの清興に滿ちて居ります

ILLUSTRATIONS

1 Single bed room.
2 Bouquet Hall.
3 Roof Garden.
4 Front view.
5 Reception Room.
6 Sitting room of a "Combination suite" seen from Japanese room.
7 Japanese room seen from the sitting room.
8 How a bed is prepared, and the spring mattress.
9 Dining Room.
10 Double bed room with private bath.

御宿泊料

洋風一人室(洗面器附)		金五圓
同　二人室(專用浴室附)	一人	金八圓より
	二人	金十二圓より
同次の間附(　〃　)	一人	金十圓より
	二人	金十五圓より
和洋二室(　〃　)	一人	金十圓より
	二人	金十五圓より
四階日本間	二人まで	金七圓より
	一人を增す毎に	金三圓

浴室は陶槽にて日本式
敷蒲團は特製ばねふとん

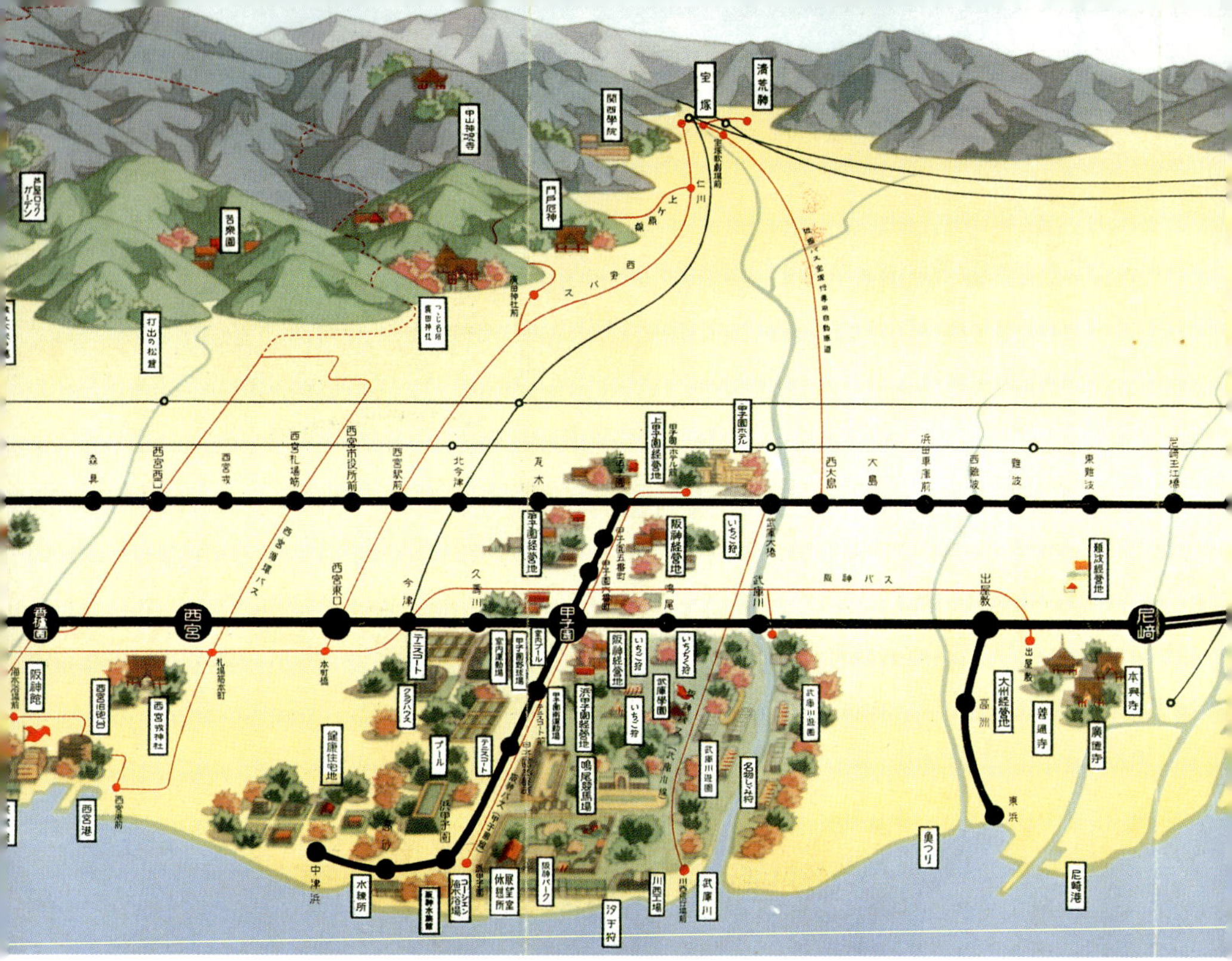

27. **阪神電鉄沿線案内**　鳴尾村が一大リゾート地となり、鳴尾村の三角州の頂点に甲子園ホテルが立地。埋め立てられた川跡に電車が走り、甲子園が誕生。ホテル土産となっていた鳴尾苺のいちご狩も目立つ。（三宅正弘蔵）

28. **甲子園ホテルのマッチラベル**（９種類）
林愛作のホテルコンセプト「AN IDEAL FAMILY HOTEL」が書かれている
（三宅正弘所蔵　クラシックホテルマッチコレクションより）

●目次

第Ⅰ部　甲子園ホテル物語　5

チョコレートと野球　7
ホテル特製のケーキとロシア人7／ホテルとロシア人職人9／野球好きホテルマンの誇り11／ホテル司厨士と野球11／モダン村・鳴尾村14／白砂の村16／白い地面が緑と赤に19／モダニズムの名作、武庫大橋20／ランドスケープデザイン26／フランク・ロイド・ライトと阪神間29／ロシア菓子を伝えた職人31

陽をうける厨房　34
ホテルの顔を任された男34／甲子園ホテルのフランス料理36

スキヤキ　43
日本のホテルとスキヤキ43／甲子園ホテル独特のスキヤキ44／帝国ホテル（東

京會館）のスキヤキ46／日本人のカレー48／林兄弟のスキヤキ49／スキヤキとランドスケープデザイン52／ホテルで暮らす陶芸家53／リゾートホテルでの作陶、三笠焼55／国際観光局第一号ホテルと常盤焼57／外国航路の客船とホテル58

ファミリーホテル 59

東洋風のメインダイニング59／林式ホテル61／家庭的なホテル62／日本のホテルの魁64／ファミリーホテル65／ホテル外見の建築68／遠藤が引き継ぐ林式70／もうひとつの「西の帝国ホテル」の誕生71／帝国ホテルが力を入れた大阪のホテル72

戦争と新しき土 76

新しき土76／クーデターと甲子園ホテル78／阪神間と甲子園ホテル79／半島へ渡ったホテルマンたち81／出征を見送るホテル84／宮さまと甲子園ホテル87／最後の結婚披露宴88

新料理長 89

ＧＨＱ接収89／林愛作と内海藤太郎91／接収時代の厨房94／ホテル再開を夢見て徳島に集まる96／フランク・ロイド・ライトとケーキ屋さん101／夢と消えた

甲子園ホテル再開102／地域に開かれた甲子園会館として再出発104／甲子園ホテルを巣立った人たちと同窓会・甲子会106／鳴尾村から名料理長の道へ107／日本ホテル史に刻まれる甲子園ホテルと西宮109／業界のリーダーへ111

第Ⅱ部　F・L・ライトと三色の石物語　115

石が彩る風景　117

日本人と石117／学生にも知られる石118／東京山の手を飾る石119／フランク・ロイド・ライトと帝国ホテル120／ライトが惚れた赤い石122／青白い石の真相123／蜂の巣石を探して123

甲子園ホテルの黄色い石　125

西の帝国ホテルの石・日華石125／ライトと弟子の石との出会い127／打出の小槌の彫刻128／時代が新たな石の使い方を生み出す129／土地の石に帰る130／この土地の石、六甲花崗岩（御影石）132

第Ⅲ部　甲子園ホテルに泊まる旅　135

マニラ・ホテル137／タールビスタホテル（フィリピン・タガイタイ）143／ホテル・ニューグランド（横浜）146／帝国ホテル148／富士屋ホテル（箱根）151／笹屋ホテル（長野）155／川奈ホテル（伊豆）157／蒲郡ホテル（現・蒲郡プリンスホテル、愛知）162／日光金谷ホテル165／軽井沢万平ホテル169／雲仙観光ホテル172

あとがき　185

口絵写真の2～20、22、23、25の右、26と、第Ⅰ部に掲載した所蔵者を記していない写真は、武庫川女子大学より提供を受けた。

第Ⅰ部　甲子園ホテル物語

近所の仲良しさんと。アイスクリームが楽しみだったという（昭和十六年四月三日、佃安紀子氏所蔵）

昭和五年（一九三〇）春、甲子園ホテルは開業する。東京と阪神間に花開いたモダニズム、東京に帝国ホテル、阪神間に甲子園ホテル。甲子園ホテルは開業するや帝国ホテルと並び評された。風光明媚な六甲山麓に生をうけたリゾートホテルとして、さらに大阪でも神戸でもない「阪神間」という街の中心舞台として華やぐ。

外国人だけでなく「日本のホテル」が目指された先駆的な構想が実現したホテルだった。しかし、戦局深まる昭和十九年にホテルは閉鎖される。わずか十四年の生涯であった。

先駆的な甲子園ホテルの試みは後にホテル史に影響を与えていく。戦後は進駐軍将校宿舎となったが、ホテル再起をかけた人々がいた。彼らホテルマンやフランス料理のコック、洋菓子職人たちが辿った道を追ってみる。最後に、甲子園ホテルと同時代を生きた十一のクラシックホテルから、甲子園ホテルを読み取りたい。

甲子園ホテルに関する研究は、恩師の角野幸博先生（元・武庫川女子大学生活環境学科兼生活美学研究所教授）の一連の研究[一]がある。私は、先生の後任として職を授かり、引き継いだ。

チョコレートと野球

ホテル特製のケーキとロシア人

「甲子園ホテル特製の西洋菓子とチョコレート」と、ホテルはパンフレットで宣伝した[二]。西洋菓子は、ホテルにとってフランス料理とともに力が入る。この西洋菓子は、パンとともにべーカー（製菓部）が担当するが、ホテルのベーカーこそ、明治から、日本の洋菓子とパンの技術を広げてきた。

　甲子園ホテルのベーカーを指揮したのは、白系ロシア人のオーグルスだったといわれている。[三]白系ロシア人とはロシア革命を機に外国へ亡命してきた人々であった。国際港をもつ港町・神戸には多くの亡命ロシア人が暮らすこととなる。また関東大震災（大正十二＝一九二三年）の影響の残る東京からも多くの外国人が神戸・阪神間へ移っていた。

　甲子園ホテルが開業する五年前、神戸では白系ロシア人のフョードル・モロゾフと息子ワレンチン・モロゾフが「コスモポリタン製菓」を開いていた。またその二年前には、神戸・中山手で白系ロシア人のマカール・V・ゴンチャロフも「ゴンチャロフ製菓」と、白系ロシア人がたてつづけに開店していた。また中山手には、ドイツ人によるパン洋菓子店「フロインドリーブ」ができていたが、そこでもチョコレートをつくっていたのは、白系ロシア人職人のバテーニンが務めていたようだ。[四]

　白系ロシア人が多く暮らしたのは神戸だけでない。ホテルができた西宮辺りも同じだった。谷崎潤一郎は『細雪』[五]で、甲子園ホテル開業のころの白系ロシア人キリレンコ一家と、主人公達との付き合いを書いている。西宮・夙川の山手で老母と兄と妹との三人で暮らす小さな文化住宅に、主人公の家族三人が招かれた食事には、近所の文化住宅に住むウロンスキーも登場する。彼は子ども好きで「この辺で有名やねんわ。誰も『ウロンスキーさん』云わんと、『コドモスキーさん』云うてるわ」。

多くの亡命ロシア人がこうして西宮辺りにも暮らすようになっていた。また西宮や芦屋には、日本へ亡命してきたロシア人たちの文化的なサロンも少なくなかった[六]。有名なのが音楽家たちによるものだ。神戸で、第一露国音楽学校を開いていたピアニストのアレクサンダー・ミハイロビッチ・ルーチン、またヴァイオリニストのアレクサンダー・モギレフスキーやウェクスラー、指揮者のエマニエル・メッテルがいる。そして彼らは昭和四年に在日露西亜音楽家協会へと発展させ、阪神間の各地で演奏を続けていた。甲子園ホテルは、この翌年にオープンするが、阪神間には多くの白系ロシア人音楽家が活躍していた。ウェクスラーを師としベルリンフィルを指揮する天才音楽家・貴志康一は、芦屋から巣立つ。また朝比奈隆はメッテルに弟子入りしている。

こうして日本へ亡命し西宮、芦屋、神戸で活躍した白系ロシア人たちがいた。甲子園ホテルのオーグルスもそうした一人だったのだろう。

ホテルとロシア人職人

神戸北野にあったトーアホテルにも、ロシア人のアベル・レベデフが、料理人として来神し大正八年に着任している[七]。しかし、ホテルのベーカーとして有名だったのはロシア帝政時代に宮廷で働いていたといわれる東京・帝国ホテルのアルメニア人イワン・サゴヤンである。明治四十三年（一九一〇）にオーナーの大倉喜八郎に見出され迎えられた。大倉は日露戦争（明治三十八年）のあと、ロシアに行き、サゴヤンを呼んだようだ。サゴヤンは、毎朝、空を眺めて

ベーカーに備えられたオーブンと昭和十二年入社の中島喜志雄（中島家所蔵）

から、天候、温度、湿度によってその日のパンの焼き方を決めたという（八）。

　甲子園ホテルで初代支配人となった林愛作は、イワン・サゴヤンが迎え入れられたときに、ちょうど帝国ホテル総支配人を務めていた。林が切望されニューヨークから帝国ホテルの支配人に大抜擢されたのは、サゴヤンが着任する二年前の明治四十二年であった。林は、着任するや、わが国では初めてホテル内の郵便局を設け、林が郵便局長を兼任し、またホテル内で鉄道乗車券の販売や、パンの自家製造、自営のランドリーを設けるなど、大胆な設備投資とアイディアを実現させ帝国ホテルの礎を築いていた。新館の設計にフランク・ロイド・ライトを抜擢したのも、この林愛作であった。サゴヤンの着任は、林の帝国ホテル刷新の時期にあたる。林が行った「パンの自家製造」というプランと、このサゴヤンとは、決して無関係ではないだろう。そして林が、帝国ホテルを辞して八年後に完成した甲子園ホテルでも、ロシア人ベーカーが働いたようだ。

　パンの自家製造というプランを帝国ホテル時代に実現させた林愛作の新ホテルでも、ベーカーに力がそそがれたのは当然のことだったであろう。そしてそのベーカーのつくる西洋菓子もまたホテルにとって自慢だった。ホテルはパンフレットでお土産としても宣伝したのだ。

野球好きホテルマンの誇り

甲子園ホテルには、たくさんの野球好きがいた。そのユニフォームの胸には、打出の小槌が縫われた。このマークこそホテルのシンボルマークであり、マッチ箱から食器、ワイングラス、カトラリー、そして建築のいたるところまで無数に打出の小槌がデザインされていった。ユニフォームの小槌のなかには、ＫＨの文字が入る。甲子園ホテルの頭文字だ。しかし、帽子にはＨとなっている。何の頭文字なのだろうか。ホテルのＨかもしれない。

もう一つのユニフォームをみると胸に大きくＨＯＴＥＬと入る。ホテルということを誇っているように思えてくるのだ。彼らにとってホテルとは、最もハイカラでモダンな誇りであるのではないだろうか。

胸にＨＯＴＥＬのユニフォームの袖には、やはり打出の小槌だ。もちろん帽子はＨである。どのユニフォームでもホテルを誇っている。

ホテル司厨士と野球

ホテルは憧れの場であったが、また野球も憧れのスポーツであった。フランス料理人から菓子職人まで多彩なスタッフが集まり、チームの記念撮影もよく行われた。甲子園ホテルの厨房には四十～五十名おり、二時から四時までレストランの待番を残して昼休みになると多くが野

甲子園ホテルの野球チーム　前列左端は後のベーカー長・林田末吉、
左から三人目が香川富太郎支配人（林田高明氏所蔵）

前列背広姿は鹿中英助と思われる。後列の外国人はオーグルスなのだろうか

球を楽しんだという。(九)その厨房を指揮する料理長自身も、経歴紹介で趣味の筆頭に野球と挙げるぐらいだ。

ハイカラでモダンを追った料理人や菓子職人、ホテルマンたちにとって、野球もまた同じようにカッコイイものだったのだろう。甲子園ホテルができた昭和五年ごろには、ホテルや名料理店の厨房から野球チームが発足している。

甲子園ホテルの料理長や料理人が所属した日本司厨士協同会神戸支部では、ホテルができる少し前の昭和三年、野球部が発足している。(一〇)司厨士会とは、西洋料理のコックたちの組織である。その司厨士会の野球部員にもそうそうたるホテルや西洋料理店の料理人が名を並べていた。そこで誕生した甲子園ホテルの一員が早速そろいのユニフォームをそろえ試合に臨んだのだ。ベーカーの一人、林田末吉の日記（林田高明氏所蔵）の昭和十二年六月二十四日には「支配人が野球ユニフォームを買ってくれるそうだ」と書かれている。神戸のオリエンタルホテルなど、ホテルのライバルと野球でも一戦を交えるのだろう。

東京でも、帝国ホテルが、大会にもなると第二チームまで参加し、第二チームといっても優勝候補であったようで、ライバルは、司厨士たちが宴会でも競っていた東京會館など、コックの間でも良きライバルであったが、直接対決は野球でも行われたようだ。(一一)東京會館のユニフォームは、筆記体で右上がりに小さくＴｏｋｙｏ、そして堂々とＫａｉｋａｎと入れた。(一二)甲子園ホテルもホテルを誇ったように、これも會館という名前を誇らしげに胸にかかげた。

また西洋料理の名店、中央亭にも本店や支店のコックが、僅かな給料から積立ててユニフォームを揃えた。その左胸に中央亭とマークが縫いつけられた。コックたちは、休憩時間にはユニフォームに着替え、帝国ホテルや第一ホテルが練習する日比谷公園に全速力で場所を確保した。しかし、熱が入りすぎて着替えられずに、ユニフォームの上から白衣を着て調理場に立つコックもいたようだ。(一三) 中央亭は、強打者水原茂、好投手宮武三郎を擁する慶応に一対〇まで善戦したというが、エースは支店料理長で、界隈の勤め人や女性の人気者であったという。(一四)

そんな六大学のスター選手との対戦は、東京會館の野球チームも慶応の水原を空振りさせ、また日比谷で毎日のように會館に遊びに来る宮武とも一緒に野球をしたという。(一五) 野球と西洋料理というハイカラを追う若者たちの交流は、上下関係の厳しい調理場とは対照的に、対等の立場になれる和やかな時間のようだ。

神戸と東京、ホテルマンたちは野球に熱中していた。甲子園ホテルが開業した昭和五年とは、プロ野球ができる直前である。学生野球が日本中の人気を集め、その学生野球で賑わう甲子園にホテルが誕生した。昭和九年、ベーブ・ルースら大リーガーが来日し、日本中が野球で沸きあがる。ベーブ・ルースのサインボールが甲子園ホテルに届いたのも、野球好きの甲子園ホテルのスタッフのおかげだった。

モダン村・鳴尾村

甲子園ホテルが誕生する昭和五年、一冊のスポーツ史が完成した。『日本のゴルフ史』(一六) である。第一章「神戸ゴルフ倶楽部」、第二章「横屋ゴルフ・アソシェーション」、第三章「鳴尾ゴルフアソシェーション」、第四章「鳴尾ゴルフ倶楽部」、第五章「日本ゴルフ史年表」、第六章「著者蔵ゴルフに関する書籍目録」と五百六十一ページにおよぶ。その第三章と第四章という、全体の三分の一の章が、鳴尾にさかれた。

神戸ゴルフ倶楽部とは、日本最初のゴルフ場であり、イギリス人のグルームが、六甲山の山上に明治三十六年に開いたものだ。そして横屋ゴルフアソシエーションは、六甲山では、冬場にプレーができないことから、翌年、その麓でイギリス人のウィリアム・ジョン・ロビンソンによって開設される。ここが日本で二番目のゴルフ場となる。ところが大正三年、この横屋が廃止されることになり、それに代わるゴルフ場として、鳴尾ゴルフ・アソシエーションがスタートとなった。しかし、鳴尾ゴルフ・アソシェーションは大正九年に廃止となってしまった。鳴尾ゴルフ倶楽部とは、そのゴルフ場を大正九年から引き継いでいる倶楽部だ。

甲子園ホテルができる鳴尾村は、ホテル誕生の昭和五年には日本のゴルフ史の大きな部分をしめる舞台となっていた。鳴尾のゴルフ場は日本で二番目のゴルフ場を引き継いだのであるが、ゴルフ場の歴史のなかで神戸と横屋の次に三番目にできた明治三十九年の横浜、大正二年の雲仙に続き、翌三年、鳴尾ゴルフ・アソシェーションは東京ゴルフ倶楽部とともに創立された先駆的な倶楽部であった。阪神間は日本ゴルフの中心

鳴尾のモダンスポーツとリゾート

1914/大正３年	鳴尾ゴルフ・アソシェーション
1916/大正５年	鳴尾運動場開設
1924/大正13年	甲子園球場
1926/大正15年	甲子園ローンテニス倶楽部（甲子園庭球場）
1930/昭和５年	甲子園ホテル

舞台となっていた。偶然にも、この鳴尾ゴルフ・アソシェーションと同じ年に生まれた東京ゴルフ倶楽部とは、それまで見られたような外国人が中心となった倶楽部ではなく、日本人の日本人による、日本人のためのゴルフクラブとして最初のものであり、甲子園ホテルの生みの親、林愛作が創設に関わっていたという(一七)。

ところで阪神間では、外国人が中心であったが、キャディには近所の子どもたちがついていた。横屋のキャディからは、日本初のプロゴルファー福井覚次郎も育つ。鳴尾村でも多くの子どもが土日にはキャディに向かうようだ。そして鳴尾でキャディをしていたある少年は、クラブハウスでご馳走になったバタートーストがきっかけで、甲子園ホテルの厨房へと飛びこむことになった(一八)。

鳴尾ゴルフ倶楽部には、C・ミッチェルが設計した洋館のクラブハウスがあった。その二階はバーと食堂となっている。ベランダつきのラウンジもある。その食堂の料理長は、下田勇次郎だったようだ。この料理長こそ、バタートーストをご馳走し、一人の少年を料理の世界に誘った人物だった。

白砂の村

日本で二番目に設立された横屋ゴルフの代わりとして鳴尾に白羽の矢が立ったのは、理由があった。鳴尾には一面に緑の芝生が広がっていたからだった。横屋にゴルフ場をつくるときには、横屋の土地一面は砂地だった。そこで芦屋（打出）から壁土を買ってグリーンを造ってい

鳴尾のクラブハウス新築祝い、大正十四年十一月（『鳴尾ゴルフ倶楽部40年史』より）

鳴尾ホールスで行われたクラブマッチ後の記念撮影、昭和四年
（『鳴尾ゴルフ倶楽部40年史』より）

ったのだ。

ところが、鳴尾にはすでに大きな芝生が広がっていたのだ。本来の鳴尾村の土地とは、一面に白砂の砂地だった。鳴尾は、東に武庫川、西の枝川と、二つの川に挟まれた島のようなところであり、川が運んだ砂地が広がっていた。鳴尾村の人々は江戸のころから、その砂地をいかして名物を育んでいた。江戸時代に書かれた『摂津名所図会』に名産として「鳴尾西瓜」が登場する。さらに綿花栽培でも成功するようになる。

江戸の名所ともなっていたこの地の作物に、明治末ごろ、新たなブランドが登場する。ちょうど、綿花の輸入が増え、そこで綿花栽培から切り替えていくことになった。それが甲子園ホテルのパンフレットでも、お土産として宣伝された鳴尾苺であった。関西一円に、とどろくブランドとなる。その品種名もハイカラな命名がされていく。まずは、「ハイカラ」そのものである。早生のものを、「早いから」、ハヤイカラ、ハイカラとなったようだ。そして代表的であったのが「ダービー」である。もちろんダービーとは、鳴尾に生まれた競馬場にちなむ命名だった。鳴尾村には、明治四十年に関西競馬倶楽部競馬場、翌年には、鳴尾速歩競馬会競馬場という、海辺の東西に二つのダービーが建設されていた。

ところが東側の鳴尾速歩競馬会競馬場がまもなく閉鎖されていたのだ。その残された芝生に着目したのが横屋ゴルフ・アソシエーションのロビンソンであった。横屋で砂地から苦労して芝生を育てただけに、すでに広がる芝生はありがたかったことであろう。そこが大正三年に鳴尾ゴルフ・アソシエーションの誕生の地となった。

さらに鳴尾村では、モダンスポーツが花開いていく。大正五年からは、阪神電鉄が鳴尾運動場をスタートさせ、全国中等学校優勝野球大会の会場となる。大会は、大正十三年、鳴尾村内に甲子園球場ができるまで、鳴尾運動場で行われた。

モダンスポーツの勢いは加速する。大正十五年には、三十面もある甲子園庭球場が完成する。甲子園ローンテニス倶楽部が創設された。センターコートには四千人収容のスタンドもあり国際大会が開催されていく。

鳴尾村は、モダンスポーツとリゾートの聖地と化していた。そこに生まれたホテルに海外からテニス選手が投宿するようになるのはいうまでもない。また大正十四年には、甲子園浜海水浴場も開設される。ホテルのグリルでは、「海水浴　野球大会の御帰りには」と、こうした鳴尾村を訪れる人々へも宣伝していった。

白い地面が緑と赤に

谷崎潤一郎は、この辺りの風景を、「白い」、「白い」と、何度もくりかえして、『細雪』や『赤い屋根』(一九)のなかで、表現している。この白さこそ、六甲山の花崗岩が風化して流れてきた砂地のことだ。谷崎潤一郎は、このあたりの風景を『赤い屋根』のなかで、赤と白と緑との原色でできた「ランドスケープ」と書いている。赤とは、流行していたスパニッシュスタイル建築の屋根にのる赤瓦、または赤松の幹、緑というのは松の緑、白とは花崗岩質の地面である。

鳴尾もまた白い地面に、ゴルフやダービーのグリーン、そして鳴尾苺の赤が一面に広がっていった。しかし、鳴尾村に生まれたホテルだけは、谷崎が書いた流行するスパニッシュスタイルではなく、ライト式だった。そして瓦も、赤瓦ではなく、松に調和した緑の瓦となる。

伝統的な農漁村集落であった鳴尾村は、ハイカラなモダンシティへと育まれる。そして島の西側を流れていた枝川が埋められた。治水対策によって廃川となった。そこで生まれた土地が、甲子園という街として開発されていた。甲子園は川跡に出現した細長い街だ。この甲子園となった旧枝川の根元、つまり武庫川から枝川が分岐していた辺りに、甲子園ホテルは建てられた。開業二年前の「又新日報」[二〇]は、「武庫川と枝川廃川地とに挟まれた三角州に東京帝国ホテルに亞ぐ堂々たる甲子園ホテルを建設する」と、この場所を三角州と表現している。

このような枝分かれした先端の場所とは、ときには村の聖地として神社が祭られるようなところである。鳴尾村では、ここに甲子園ホテルという殿堂が出現したのだ。これまで川と海で囲まれていた鳴尾村も、甲子園という、とてつもなく幅の広い橋が架けられることで、西にあった西宮の町とも陸続きになる。そして長い橋である甲子園という街のなかほどに、甲子園球場ができるのである。

モダニズムの名作、武庫大橋

鳴尾村からは、モダンな橋が伸びていく。大正の橋と、昭和の橋がある。大正の橋とは、やはり甲子園という長いハイカラな街といえるだろう。そして昭和に入るとすぐに武庫川にモダニズムの名作が架かるのである。

これまで鳴尾村を東西に貫く大動脈とは江戸時代からの中国街道であり、それが国道となっていた。しかし、大正十五年（一九二六）、村の北端、つまりかつて川の分岐点辺りに第二国道が開通する。その開通に合わせ武庫川に架設されたのが武庫大橋だった。

その設計に登用されたのが、アメリカで活躍した構造家の増田淳であった。東京大学を卒業後、アメリカの橋梁設計事務所に勤める。その増田が武庫大橋で採用したのは、コンクリートの五連アーチ橋であった。増田は、一つ一つの橋を実に多彩な工法で全国の橋の設計に奔走していた。増田の業績は、「当時の先端的な構造形式を達人のごとく自由自在に使いこなした点にある。これはバラエティに富んだ、しかもそれぞれに優れる仕事を残した橋梁技術者は、日本の橋梁史において増田以外には見当たらず、まさに稀有な存在というべきである」（一二）と評されている。

その橋のたもとで、甲子園ホテルの計画が始まった。しかし、もともとこのホテルの建設は、予定ではこの場所ではなかった。ホテルを計画することになった阪神電鉄が構想していたのは、村内でももっと海岸部であった。しかし、阪神が迎えた林愛作が、計画を変更してこの地を選んだのであった。大阪からの自動車でのアクセスを考えれば新国道に接することは望ましいだろう。ホテルは英文の宣伝にも「ＯＮ　ＴＨＥ　ＨＡＮＳＨＩＮ　ＨＩＧＨＷＡＹ」と広告している。しかし、この地の選択が、増田淳のこのモダニズム作品というインフラストラクチャーと無関係とは思えない。林の頭のなかに、この橋から膨らむホテル像が浮かんだように思えてならない。林愛作、そして同じようにアメリカで過ごしてきた増田には、なにか共通するイ

開発前夜の鳴尾村周辺（明治四十四年の大日本帝国陸地測量部発行より）武庫川から分かれる枝川が、後に埋め立てられ甲子園という細長い街となる。枝川と武庫川との分岐点辺りに甲子園ホテルが誕生することになる。線路は阪神電鉄

武庫川と甲子園ホテル（右上が武庫大橋、写真は戦後）

メージがあっただろう。この橋が架かった先には、六甲山の山並みを臨み、モダニズムを迎える西宮・芦屋・神戸が続く。まさに大阪から阪神間モダニズムの地に架けられたモダニズムへのゲート橋だった。

そして林愛作が、この場所でホテルの設計者に選んだのも、増田と同じく東大卒業後、アメリカ人のもとで腕を磨いた遠藤新であった。その遠藤も、この橋にホテルのファサードを向けて設計している。また川沿いの松に配慮して高さを低く抑え、瓦も松と同じ緑色で焼かせている。遠藤もおそらくこの増田の作を意識していたに違いない。ホテルは、増田の橋に向けて建てられ、風景に取り込まれている。もちろん、橋からホテルを見ると、六甲山と松林とで相まったファサードを楽しめる。

そして大阪からこのホテルに向かう人々にとって、この橋があることでよりモダニズムの世界へ渡る気持ちを高めたはずだ。武庫大橋と甲子園ホテル、この二つの作品は、まるで連続する作品のように、この地に生をうけた。武庫大橋と甲子園ホテル、そして六甲山、この三つが相まってここでの風景が完成している。

フランク・ロイド・ライトは、大学における専攻は建築学科ではなかった。建築ではなく土木工学であった。しかし、ライトがこうした土木分野である橋梁デザインに興味があったのか、また遠藤がそれを学んだかは定かではない。

現在の武庫大橋。右手に旧甲子園ホテルの二本の塔がみえる

武庫川の東側より旧甲子園ホテルとその周辺をのぞむ

ランドスケープデザイン

大阪方面からホテルに近づけば、松林とホテルは調和し、その後ろに六甲の山並みが聳える。松林の樹間からひかえめにスマートな二本の塔だけがのぞく。屋根瓦は松と同系色にまとめられた。そして、増田淳にデザインされた武庫大橋と連続するモダニズム空間が生み出された。ここは単なる建築デザインではない。ランドスケープデザインがされている。

また遠景としてデザインされただけでなく、もともと溜池となっていた大湯池を庭園にとりこんだ。池は巧みな曲線を描き、テラス前に作られた小さな池から、狭められたくびれた出口から、大きくカーブして大池へと誘う。そのくびれた出口には、高い太鼓橋が架けられた。小さな池に延びた極めて直線的な橋とはまったく対照的である。

この直線的な造形は、ホテル建築でも使われているが、この極めて低く造られた欄干をもつ橋もまた、ホテル建築と同様に高さが抑えられている。高さある曲線の太鼓橋と、低く直線的な橋と、水辺に多彩なデザインがされた。テラスから見た景色には、遠景に増田によるアーチ橋、手前にはこうした多彩な橋が水辺を飾った。また花菖蒲も名所となる。「ホテルでは建物をめぐる八千坪余の大池へ帝都堀切のそれを移植して(二二)」という。

水辺を彩ったのは橋や菖蒲だけでなかった。屋根が葺かれ提灯の並ぶ屋形船が浮かんだ。「夏は屋形船を浮かべるなど日本趣味にあこがれる外人達を喜ばせようといふ趣向である(二三)」と新聞は、開業を来月にひかえたホテルについて報じている。また営業が開始されると「ボート二隻を置き船中の納涼サーヴィスも開始した(二四)」という。そしてこの池の水は単なる庭のための

太鼓橋。たくさんの記念写真が撮影された
（小林義雄氏撮影、小林一嗣氏所蔵）

ものではなく、鳴尾村にとって農業用水という大切な場所でもあった。ホテルは、もともとの溜池を、ホテルの庭にあしらうために、鳴尾村と賃貸借契約をする。そして「鳴尾の渇水時には電動ポンプ一基を設置し灌漑用水を送水すること（二五）」としたことが、開業前年五月の新聞に書かれている。

そして三ヶ月後には、さっそく渇水したために、大湯池に「モーターを据付け地下より灌漑用水を吸ひ上げ給水するやう阪神に交渉したところ承諾したので、いよいよけふより二十馬力のモーターを据付け給水することになった（二六）」と新聞も報じた。

開業に先立って周辺環境を含めたランドスケープデザインが行われていた。そしてホテルに造園された庭に人々はカメラを向けていくのであった。

ホテルで撮られた記念写真には、この庭や橋でのものがとにかく多い。開業すぐに投宿した高松宮殿下夫妻もこの池畔に架けられた太鼓橋の橋上で記念撮影が行われた（二七）。またホテルでは写真撮影会が開かれている（二八）。ライト式の建築だけでなく、むしろこのランドスケープデザインで生まれた庭でシャッターが切られていった。

もちろん客室からはこの松林を望む庭園側、そして六甲山に向けてとられていく。しかし、庭園を南に望む部屋だけでなく、来賓には「六甲の秀峰を眺める見晴らしのいい部屋（二九）」とすすめられるように、多彩なランドスケープを楽しめる部屋が配された。南から陽をうける山並みを望むことができる展望室は、この辺りの邸宅でも少なくなかった。

また眺望がきく屋上も「夏の間のサーヴィスとして九月中旬まで屋上展望台で毎週土曜、日曜の夜間活動写真を映写」（二〇）と、昼夜ともに展望台となっていく。

フランク・ロイド・ライトと阪神間

林愛作によって遠藤新が選ばれたのは、帝国ホテルの設計において、フランク・ロイド・ライトの弟子として、辛酸をなめたもの同士という思いもあったであろう。そして、モダニズムが花開く阪神間で、人々に受け入れられるホテルの設計には、遠藤が適任だと考えたのだろう。ホテルの設計者としては、他にもありえただろう。実は、林が帝国ホテルを最初に依頼した設計者はライトではなかった。林がまず選んだ建築家は、明治四十年に神戸でもトーアホテルを完成させていた下田菊太郎であった。下田もまたライトが活躍したシカゴで修業を積み、日本へ帰国していた建築家だ。帝国ホテルで最後まで仕事を頼めなかった下田だが、神戸でも実績のあった彼は、候補にあがらなかったのだろうか。

ところが遠藤も、阪神間とは無縁でなかった。大正十三年、芦屋でライトが設計した山邑邸（現・ヨドコウ迎賓館）を完成させていた。この年には、甲子園球場もできている（甲子の年にできた球場）。その芦屋の仕事をライトに依頼したのは遠藤であった。山邑邸の施主は、清酒「桜正宗」の蔵元山邑太左衛門で、その娘とは、遠藤が大学で同級生であった星島二郎の夫人であった（二一）。その星島二郎の希望を、山邑が受け入れ実現へと至ったようだ。ライトが、芦屋の現場にきたのは大正六年の初春だろうという（二二）。この地に連なる灘五郷は、江戸後期から日本一の酒造地となっていた。この地のモダニズムの担い手は、こうした酒造家たちでもあった。彼

芦屋の岩山になじむヨドコウ迎賓館（旧山邑家住宅）
国指定重要文化財、フランク・ロイド・ライト設計（淀川製鋼所提供）

ヨドコウ迎賓館（旧山邑家住宅）の二階応接室。
大谷石の装飾と高低二段の天井をもつ（淀川製鋼所提供）

らと、大阪の財界人らによって阪神間モダニズムは花開いていくことになる。こうした酒造家から依頼された仕事を、ライトと遠藤は、芦屋でも行っていたのだ。そこでライトは、山手にある花崗岩の岩場で、山邑邸の設計を行った。そして、その岩山・六甲山の花崗岩が砕けて白い砂となって一面に広がる砂場に弟子の遠藤新はライト式のホテルを設計することになったのだ。藤森照信は「東京ではプレーリースタイルをやりながら、なぜライトと遠藤新は阪神間に来ると山のようなごつごつしたデザインを採用したかという問題」を挙げ、ライトが生涯デザインしている二つのタイプ、つまり大草原におけるプレーリースタイルと、晩期にアリゾナの岩砂漠で試みたデザインを比較し、「草原地帯と思うような景色のところにはプレーリースタイルを使い、岩砂漠と思うようなところでは、まだ名前がないんですが、仮に例えば岩砂漠スタイルとしますと、岩砂漠スタイルをそういうところでやったわけです（中略）ライトは山邑邸を作るために阪神間にやってきます。遠藤新も来るわけです。彼らは阪神間に何を見たかというと、アリゾナの岩砂漠を見たといっていいんじゃないかと思います（三三）」と語っている。

帝国ホテル時代からライトを支え、ライト館完成に導いていた南信もまた、山邑邸を指揮していた。そして甲子園ホテル完成前年にやはり神戸で亀高五市邸を完成させていたようだ。甲子園ホテルでは南信が強度計算をうけもち、遠藤を支えることとなる。

ロシア菓子を伝えた職人

野球好きの一人、林田末吉は元ロシア皇室付製菓技師スタンレー・オホツキーにお菓子づく

初代支配人・林愛作（左から四人目）と設計を手がけた遠藤新（右から二人目）

現存する最も古い集合写真。前列左端内海藤兵衛、右から三人目井上周社長と思われる。右端常吉正一

りを学ぶ。「昭和三年に、東京新宿の中村屋で、〝ロシアンケーキ〟を造ったオホッキーは、ハルビンで、ロシアチョコレートをやっていた技術者ですが、マカロンの造り方を我々は、この人から習いました」「ウオッカ（火酒）を使ったロシアケーキもありました。古くは、〝ワンナー〟というもの——〝焼酎菓子〟もありました」と林田は『日本洋菓子史』[三四]のなかで回想している。

その林田が甲子園ホテルに来た。「昭和五年五月甲子園ホテル開店と同時に、不二家から来た小栗二郎の下で〝二番〟職として入店」[三五]という。林田は、長崎に生まれた。大正九年に縁戚・林田大助（大椿）が経営する浅草の林田製菓所に入るが、また長崎市の松翁軒に入りカステーラ焼きを四年勤めあげ、十四年に新宿中村屋に入店するも翌年から昭和三年まで軍隊勤務、そして大阪ベーカリー職長を経ての甲子園ホテル入りであったようだ[三六]。

しかし、林田は甲子園ホテルに入ったあとも二年ほど東京などで勤務するなど、西宮と東京を行き来している。オホツキーに習ったのも、そのときかもしれない。昭和五年あたりの代表的な西洋菓子は、ホテル系、外国航路の客船系、東京の風月堂や中村屋といった菓子店、そして神戸に生まれていったロシアやドイツから移ってきた職人の店だった。甲子園ホテルには、そうした第一線の技術が伝わった。パンフレットでも、ホテル特製の西洋菓子やチョコレートを自信を持って宣伝できたのは、彼ら職人たちの技術力ゆえであった。

なかでもチョコレートはホテルで最も誇れるものの一つとなっていた。ホテル開業してすぐに投宿された高松宮殿下夫妻に、ホテル特製チョコレートが献上されたのであった。ハネムーンで英国へ旅立つお二人に「廿四日御出発の際には御航海中にお必要なだけのホテル特製のチョコレートを献上する筈[三七]」と、出発当日の神戸新聞は報じている。

またホテル開業から七年経った昭和十二年の林田の日記（十二月二十七日）には「宮家へ献納するチョコレート四函作る」と書かれており、後にも宮家へ献納されていくようだ。林田の日記には、頻繁にチョコレートをコーティングしたことが記されている。また日記には、ケーキ、パイ、タルト、チョコレートプラム、リキュールボンボン、ブッセ、プラリネ、ビフテーキパイ、黒パンなども登場する。甲子園ホテルのベーカーが担当したものだろう。土日になると二百人を超える園遊会や宴会に忙しかったようだ。

陽をうける厨房

ホテルの顔を任された男

ホテルの顔となるフランス料理を任された初代料理長もまた野球好きだった。経歴の趣味の筆頭には野球を挙げていた。そして浪花節、魚釣と多彩な趣味をもつ。この甲子園ホテル初代司厨長は鹿中英助である[三八]。東京から招かれた三十五歳の料理長であったが、その経歴もまた実に多彩である。『日本司厨士協同会沿革史』の「人物編」に、鹿中英助は登場する[三九]。明治二十八年に茨城県で生まれ、十四歳で東京青陽楼に入店し、吉野作太郎に師事する。そして、精進軒、帝国ホテル、赤星邸、東洋軒を歴務し、この間に「朝倉、水谷、三船の各氏に指導を受く」とされている。東京を代表するホテルや料理店で修業を積んでいる。実に様々なタイプの厨房を経ている。また師匠にも恵まれた。水谷とは、帝国ホテルで名人とうたわれた水谷料理長のことだろう(四〇)。また三船とは、東洋軒料理長の三船治助のことだろう。東洋軒は、伊藤博文らがひいきにし、宮中の宴会などを担い、優秀な料理長を輩出する。三船の二代前は、天皇の料理長、宮内省大膳職主厨長となった秋山徳蔵である。三船もまた相当の腕といわれた(四一)。

　甲子園ホテル初代料理長となる鹿中は、そうそうたる料理長のもとで修業時代をすごしていた。その修業を終え、料理長の座についていく。「華族会館東洋軒、京王閣の各司厨長を経任(四二)」することになったのだ。この華族会館とは、かつて欧米諸国の貴賓達との社交場として賑わった鹿鳴館の建物を引き継いだものだった。鹿鳴館には宴会だけでなくホテル機能も有していた。その鹿鳴館は、明治二十年代に華族会館に払い下げられ、華族たちの社交の場となっていた。もちろん鹿中が料理長を務めたといわれるのは鹿鳴館時代ではない。また華族会館も関東大震災後に、旧鹿鳴館の建物から移動した。鹿中の華族会館料理長就任が、震災前であれば、その歴史的空間である鹿鳴館の厨房で指揮をとり、鹿鳴館の空気を肌で感じていただろう。しかし、華族会館料理長の就任が、昭和五年の甲子園ホテルに赴任するそれほど前ではないとすれば、鹿中が指揮した華族会館は震災前の旧鹿鳴館ではない。しかし、とはいって

初代料理長・鹿中英助(『日本司厨士協同会沿革史』より)

も鹿中は、明治から大正にかけての日本のフランス料理の最前線で活躍してきた。

東京時代の最後は、京王閣の司厨長だった。ここは、京王電気軌道が郊外で開発した娯楽地であり、東における「宝塚」が意識されたようである。(四三)このような都心から離れた料理場で求められる料理とは、鹿中がこれまで経てきたものとは違ったはずだ。しかし、この経験もまた次に料理長として迎えられた厨房で生かされたはずである。

そして昭和五年、同じような郊外のリゾート地であった関西の甲子園の司厨長に就任する。リゾートホテルの顔となる料理を支える指揮者として、鹿中は適任だったといえるだろう。また華族会館で華族のもてなしをしてきた経験もあり、関西の迎賓館としての甲子園ホテルに、鹿中は適任だったはずだ。ホテルは、昭和五年四月に開業するやその月に、高松宮殿下、六月には東久邇宮殿下と多くの皇族を迎えることとなったのだ。

甲子園ホテルのフランス料理

ホテルの心臓部となる厨房は、南側の庭園に面して配された。設計者自身も「南の陽を充分に受けて食堂にしてもよい程の立派さ(四四)」と誇った。厨房からバンケットホールへ昇る通路は、緩やかなスロープを描く。まるでスタジアムでグランドに向かう通路のように設計されている。料理はホテルの評判を左右する顔である。フランス料理のメッカもまたホテルであった。甲子園ホテルが開業するや、そのフランス料理は評判となる。料理人の間でも本気で修業するには、神戸オリエンタルホテルか甲子園ホテルの一流どころで修業することがいわれたようだ。(四五)

この並び評されたオリエンタルの料理とは、『オリエンタルホテル三十年の歩み』のなかで英詩人キップリングがその著書『Sea to Sea』において「神戸オリエンタルの料理は世界一流ホテルのものよりも優れている」と書いたとして引用されている(四六)。

オリエンタルは、明治から外国人居留地のホテルとして続き、料理人のフランス人ルイ・ビゴーの時代に料理で評判となり、先の賞賛もその時代の評価であろう。また神戸で、並び称されたトーアホテル（明治四十年開業）の支配人兼コック長はスイス人であったとされている(四七)。

この神戸オリエンタルも、後に経営者もたびたび変わり、甲子園ホテルが開業した昭和五年には、料理長も日本人であった。このオリエンタルという歴史的な西洋料理と、開業間もない甲子園ホテルは並び称されたようだ。『ホテル料理長列伝(四八)』によれば、神戸オリエンタルホテルの初代料理長は、居留地ホテル時代のオーナー兼コックのルイ・ベキュー、そして日本人の初代が長崎仕込みといわれる黒沢為吉、つづいて羽谷寅之介、米沢源兵衛、鈴木卯三郎、鈴本敏雄、杉本甚之助、そして甲子園ホテル開業の一年前の昭和四年には内海藤太郎が着任していた。この内海こそ、かつて帝国ホテルのメインダイニングにフランス料理を定着させ(四九)、そして純粋フランス料理といわれた「内海フランス料理」の普及につとめ(五〇)、田中徳三郎、木村健蔵といった「昭和の料理史に名を刻む名人を育てあげた巨星である(五一)」とされた名匠である。この内海の弟子・木村は後に甲子園ホテルの料理長になるのである。

一方、甲子園ホテルの初代料理長に着任した鹿中英助は、帝国ホテル時代に先の田中徳三郎とほとんど同期であったという(五二)。また「田中徳三郎の父はミルクホールという喫茶店で働いて

メインダイニング

メインダイニングからテラスをのぞむ

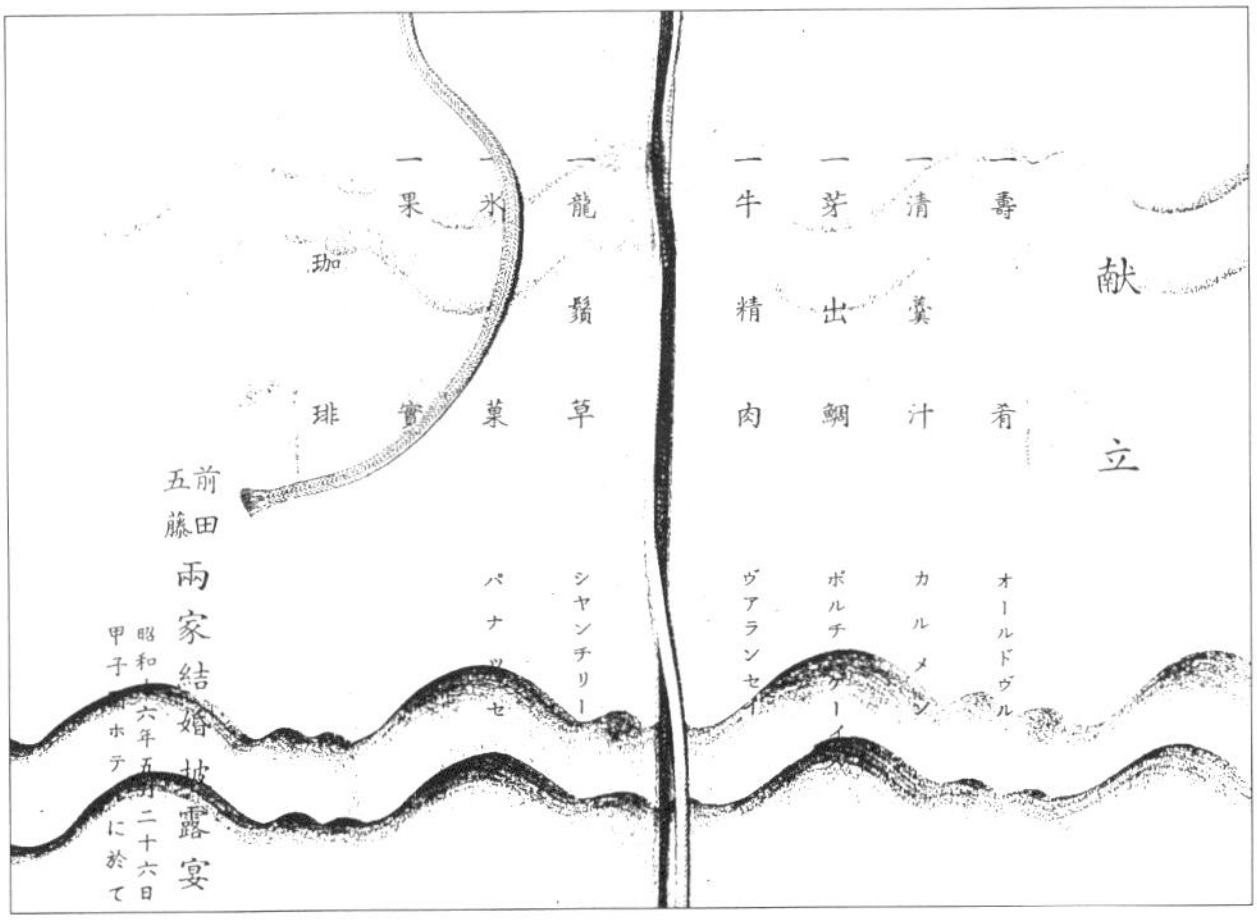

献立

一 壽肴　オールドヴル
一 清羹汁　カルメン
一 芽出鯛　ボルチゲーイ
一 牛精肉　ヴアランセイ
一 龍鬚草　シヤンチリー
一 氷菓　パナツセ
一 果實
珈琲

前田
五藤 兩家結婚披露宴

昭和十六年五月二十六日
甲子園ホテルに於て

結婚披露宴のメニュー（前田五藤両家、昭和十六年五月二十六日、前田房彦氏所蔵）

おり、鹿中英助は、田中徳三郎のところに下宿していた。ある時、鹿中英助にハウスコックからの指名がかかった。ハウスコックとは夫婦で行くものである。そこで、田中徳三郎は自分のところにいたウエイトレスと鹿中英助を結婚させて、送り出したのであった」ともいわれている[五三]。

昭和五年の甲子園ホテル開業時には、東京から数名が赴任した。東京組には、高橋貫治、斉藤（勝見）勘四郎、大杉、また数年して川奈ホテルから中川吉太郎が来たという[五四]。鹿中英助も帝国ホテル出身ではあるが、前任地は帝国ホテルではない。おそらく一緒に東京から赴任してきた料理人もまた帝国ホテルの出身者もいたかもしれないが、昭和五年に帝国ホテルから直接、この甲子園ホテルに来たのではないかもしれない。

つまり初代支配人となった林愛作もまた、帝国ホテル新館の設計に、建築家フランク・ロイド・ライトを登用するなど、元は帝国ホテルの名支配人であったが、結局はこの建築工期が長引いた責任等で、ライトの新館が完成する寸前で辞任し、帝国ホテルを退いていた。その林が、ホテルの心臓となる厨房へ帝国ホテルから大々的に連れてくるとは考えにくい。甲子園に来た東京組は、帝国ホテルの出身ではあるが、林の帝国ホテル時代の料理人か、またその関係する人たちだったのではないだろうか。

鹿中料理長は、「四十前後の働き盛り、調理場に立つとコックたちに激しく気合を入れていた。決して妥協を許さない厳しい性格の人であった[五五]」ようだ。また「鹿中英助は粋なことに、仕事のときにダンスシューズを履き、少し高いところからみんなの仕事ぶりを見ていた。彼は年齢に関わらずステッキを持ち歩いていたといわれるくらい、素晴らしいスタイルをしていた。また、昼休みには魚を釣り、夜はバーで飲み、当時にしては厳しさよりも粋さを感じる料理長であった。そのため皆は憧れを抱き」とコックからも慕われていたようだ。(五六)

鹿中料理長のもとで、鳴尾村出身でコックとなった西村修一の修業時代が取材された文面がある。(五七)

「仕事は早番で夜明け前の五時からはじまる。遅番でも七時からだ」「調理場に入るとまず火を作る。石炭を運びストーブを焚くのだ。それが終わると掃除をし、シルバーを磨く。なべを磨く。先輩たちが、現れたら、早速調理にかかれるように、無事万端にしつらえるのがペテ公と呼ばれる新人西村の、早朝の日課であった。仕事は、一日中ひっきりなしに続く。夜の九時まで、ろくろく休む時間もない」「むしろ先輩に追いつくために、仕事は少しでも余計にやろうと必死だった」「西村は人一倍精進した甲斐があって、着実に一人前に成長していった。ブッチャーからストーブ前、宴会料理までこなせるようになった」

またこの西村修一は、著書(五八)のなかで修業時代を回想している。

「初任給が七円だったのを覚えていますが、最初の三ヶ月はシルバー磨きやルームサービスの電話を受け調理場に通し、料理をリフトでメイドに渡す簡単な仕事でした。その後皿洗いを命じられここで始めてメニューにフランス語が出てきました」「フランス語の食材や食器に戸惑うばかりで早速辞書を買い込み、皿洗いの合間に料理長のメニューをメモに写して、昼休みに静かな野菜置き場で辞書片手にノートに書き込んで覚えながら、自分の虎の巻を作る毎日でした。見たこともない食材や食器に面食らいながらも、料理長のメニューを見るのが待ち遠しくなり、メニューに併せて食器の湯通しや銀器に合わせてナフキンを折って用意する仕事でもたいへん充実しておりました。こういうときは休み時間もおしくなるもので、先輩に頼み込んで野菜の皮剥きを教えて戴いて、一つ一つを丁寧に取り組む事で先輩からまた新しいことを教えて戴けました。（中略）甲子園ホテルの厨房には四十〜五十名おり、二時から四時迄レストランの待番を残して昼休みになり、皆が野球をしたり読書や昼寝をして休憩している間も時間がもったいなくて何か仕事を捜しては働いておりました。この時間に結婚披露宴用のターキーを焼かせてもらい多い日には三十六羽も焼くこともあり、人が休んでいる間に色々な仕事をさせてもらいながら少しずつ仕事に自信がついてきました。毎日がバタバタ過ぎているうちガルマンジェに廻され月給を九円にして頂きましたが、給料が上るよりも仕事のランクアップがたいへん嬉しかったです」

厨房では、地元の若者たちも頭角をあらわしていったのである。

また西村修一は、ホテルの名物料理も次のようにいっている。（五九）「鹿中英助は、ウズラやハトの詰め物をよく料理に出した。まず、大きなまな板に五〇羽ぐらい出しておく。こういう珍しい料理をすると、最初は皆、興味を持ち作業をするが、そのうちにしんどさからやめてしまう。結局、最後はブッチャーが詰めては縫い、形を整えて焼いた。皆は小さなナイフで骨をとっていたが、鹿中英助だけは大きなナイフを操って作業していた。こういった料理はもちろんだが、やはり帝国ホテルの流儀を伝承したビーフシチューが、鹿中英助料理長の十八番だった（中略）。甲子園ホテルでは、ビーフシチューが有名だった」。

スキヤキ

日本のホテルとスキヤキ

「ホテルでは和洋食とも取り扱ひ、希望によつては部屋の中でも食べられるやう準備してゐる」(六〇)と新聞記事に書かれている。そして、甲子園ホテルには、スキヤキルームも置かれた。また「独特のスキヤキは四階日本座敷にて御差上申します」、とパンフレットにも宣伝される。また案内ハガキには「一組一室の自慢のすき焼」(六一)と書いて郵送している。このスキヤキを誇ったのは、甲子園ホテルだけのことではなかった。西洋料理をうたったホテルであるが、逆に日本のホテルにとって、そこにはより日本が強くもとめられた。西洋から来日して旅装を解く場所には、彼らが落ち着くための西洋的なしつらいともに、エキゾチックな日本文化が求められた。

それを建築に表現したホテルも多い。甲子園ホテルの三年前に開業した横浜のニューグランドも、外観は西洋建築であるが、メインダイニングやロビーなどは極めて日本の伝統的なモチーフをちりばめた。政府も外貨獲得なども目的に、明治四十五年には、ジャパン・ツーリスト・ビューローが設立している。林愛作は、帝国ホテル常務支配人時代にホテル業界を代表して理事の一人となっていた。

日本的要素を意識的にホテルに取り入れることは、甲子園ホテルにちりばめられた「打出の小槌」にもみられる。しかし、この甲子園ホテルを代表する和の表現とは、単なる表面的なものではなかった。むしろホテルでの過ごしかたを骨格的に変える挑戦であった。林愛作が目指したのは、建築内部の部屋のしつらえであった。それまでのホテルになかった洋室に和室座敷を付け加えたのだ。これは、林愛作がこだわっていた西洋のホテルにはない、日本の旅館のよさを空間に実現したものだ。西洋文化を知り尽くした林のホテル像が完成した部屋であった。

甲子園ホテル独特のスキヤキ

そしてスキヤキもまた日本の代表的な料理として、外国人観光客にとっても、欠かすことのできないホテルの出し物だったのだろう。横浜のホテル・ニューグランドでは、『ＳＵＫＩＹＡＫＩ　ＩＮ　ＮＥＷ　ＧＲＡＮＤ』という英文のパンフレットまで出している[六二]。また甲子園ホテルの英文パンフレットにもスキヤキディナが、スキヤキディナールームとともに掲載されている。しかし、スキヤキを外国人向けとのみとらえるべきではない。日本人にとってもスキヤキこそは、ハレの日のごちそうである。また日本人にとってのホテルもまたハレの空間として求められた。そこにスキヤキがあっても不自然ではない。スキヤキに喜ぶのは外国人だけではない。

甲子園ホテルでも、パンフレットにも「独特」と宣伝された。ホテルとしても一つの自慢であろう。

スキヤキ用のお肉もまた独特だった。京都の三島亭から毎日運ばれたようだ。そして出張し

A "Sukiyaki" Dinner Roomとしてパンフレットで紹介された部屋

てきたのは三島亭の職人であり、一日中ホテルにいて、注文が入ればその職人が包丁を入れ四階のスキヤキルームまでリフトで上げていたという。(六三)もちろんホテルには、大勢の料理人がいた。それにもかかわらず、三島亭は、お肉だけでなく、職人も出張させていたのである。

「すきやきは肉を紙のように薄く切るのが特徴で、関西ではこの肉切りだけで確実に三、四年を修業せねばならない。従ってこの技術だけで相当の給与が得られるのである。和、洋食の普通の料理人なら、牛鍋の肉は切れるけれども、関西風のすきやきの肉は特別の訓練を経なければ不可能である」(六四)という。甲子園ホテルのコックの腕が高くても京都から職人がきていてもおかしくはない。

ところで、この「関西風すきやき」につ

いて述べているのは、甲子園ホテル開業時、東京會館の料理長田中徳三郎だ。田中は、「私がはじめて大正五年に大阪へ行った頃は、すきやきの看板を見て、すきやきって何ですかと友人に訊ねた位であった。すきやきは、関東の牛鍋とおなじようなものだとは知ったけれども煮るものを焼くと言うのは、職業がら納得いかない（六五）」という。この田中が大阪に来たのは、大正四年に林愛作と意見があわず、帝国ホテルを去った内海藤太郎について大阪ホテルに移ったからだ。

しかし、このスキヤキというのは、東京では牛鍋であったようだ。田中は、大正十二年の関東大震災で大阪へ移った人たちが、また二、三ヶ月で舞いもどった際に、大阪の習慣や言葉とともに関東に持ち込まれたという。また大阪でも大阪うどんがなくなり、大阪寿司が減って東京のにぎり寿司になってしまったともいう。

帝国ホテル（東京會館）のスキヤキ

田中のいた東京會館では、「すきやき日本室」が三階の片翼に置かれていた。「東京会館の林支配人は、慶応野球部の人達とは友達であり、また、大のファンであった。そんな関係で慶応の野球部の人達、腰本監督以下みな東京会館のすきやきには入り浸っていたのである（六六）」。前にも紹介したコックたちとスター選手たちの野球の背景には、こうした経緯もあったのだろう。この林支配人とは、林愛作の弟である林英策のことであり、愛作が帝国ホテルを辞した後も残り副支配人となっていた。昭和二年からは、帝国ホテルが経営を引き継ぐこととなったこの東京會館の支配人となっている。

『帝国ホテル百年史』（六七）によれば、この東京會館のスキヤキについて、「帝国ホテル関係で和食提供の最初」のものとして、「三階日本間では京風すきやきを提供し」としている。わざわざ京風とは、おそらく関西風ということだろう。

『東京會舘いまむかし』（六八）によれは、「東京では初めてという京風〝すきやき〟を提供した。すきやきは、もともと良質の牛が育ち、味にデリケートな関西で生まれた料理である。明治の文明開化以来、関東では牛肉といえば、牛肉をごった煮して味をつけた〝牛鍋〟が主流だった。そんな風土の中に、日本間という設備を生かしてすきやきを持ち込んだのである。東京會館のすきやきは、東都の紳士たちの間で好評を博し、特に、当時、京都から呼んだすきやき専門の調理人・岡本芳松が肉を切ると艶が出るというので評判だった」という。

やはり甲子園ホテルのスキヤキと同じように、包丁を入れるのに、わざわざ京都から専門の調理人を呼んでいる。西洋式のもてなしを目指してきた場所に、和食が入ってきた。

帝国ホテルが東京會館の運営を任された昭和二年から、この「京風すきやき」がスタートした。帝国ホテルでは百年史において、このことを「帝国ホテル関係で和食提供の最初」と位置づけている。西洋式として始まったホテル史を代表する帝国ホテルで和食を提供するのは、特別なことだったのだろう。また會館では、同時に夏季には屋上に日本庭園を配し納涼園とし、日本の夏の風物詩を演出したという（六九）。

ホテルに日本のよさを取り入れることを考えた林愛作はもう帝国にはいなかったが、この東

東京で関西風のスキヤキを提供していた東京會館（著者蔵）

京會館の支配人は、帝国ホテルの副支配人でもあった林英策であった。その英策が、帝国ホテルではなく、支配人として指揮をとった東京會館でスキヤキはスタートしている。

このようなプランには、林兄弟の姿を感じないではいられない。それは林愛作が、帝国時代から料理における和に意見をもっていたからである。

日本人のカレー

林愛作は、帝国ホテルの厨房へも積極的にアイディアを提案していったようである。帝国ホテルのカレーにも大きな影響を与えていたようだ。

「日本人がよくこの食堂に来てカレーを食べた。そこで、林支配人が、やくみに少し日本風のものを入れてはどうかという提案を出して、福神漬、花らっきょう、紅生姜が加えられたのであった。これをいち早くまねたのが、神戸のみかどが経営していた東海道線の食堂列車であった。それが口火となって日本全国の食堂にたちまち普及した(七〇)」という。
これも田中徳三郎が帝国ホテル時代のことであり、林支配人とは、おそらく林愛作のことであろう。田中は、後に東京會館の料理長となっており、その時の支配人も林愛作の弟、林英策であり、文中の林支配人とは英策の可能性もあるが、おそらく愛作のことであろう。
田中は、帝国ホテル時代のカレーについても詳しく書いている(七一)。

「私が子供の時分、帝国ホテルでカレーを作っていた頃のやくみは、ピクルス、チャツネ、ハム、チーズ、ゆで卵、ボンベイダック（インド産八つ目鰻のような干した魚）、やしの実等であった。それらが、九谷焼のきれいな錦絵の皿に入れられ、直径四十センチ深さ二センチ位の輪島塗りの盆にのせられて供せられた」「やくみの皿は、円形の皿を中心に、周囲に十枚の扇形の皿が組み合わされていた」「（これらのカレーのやくみは、）もっぱら外人向きのものであった」

このように、帝国ホテルのカレーのやくみは、それまで外国人向けであったようであるが、林愛作は、あらゆる面においてチャレンジしていたのだ。

林兄弟のスキヤキ

林は、帝国ホテル時代、「味醂醤油漬のビーフステーキ」や「鯨のステーキ」を料理長の内海藤太郎に要求したようだ(七二)。しかし、「内海シェフは断固として従わない。すきやき以外には醤油を用いた料理は外人には適さない。世界一のフランス料理を忠実に守っていれば、間違いない、と自信たっぷりなのである」(七三)と、本式フランス料理とは、一味ちがった路線ももとめていた。スキヤキの導入は、そんな林のアイディアの名残なのだろうか。いずにしても弟の英策、兄の愛作が、同時期に共に支配人についた場所でそれぞれ「すきやきルーム」が生まれている。昭和二年、弟・英策が東京會館、昭和五年に兄・愛作は甲子園ホテルである。甲子園ホテルでも、開業と同時にスキヤキは開始されたようだ。

開業をむかえるまぎわに取材された新聞記事には「純粋の日本間が十六室、これにはスキ焼は勿論茶室の用意まであるといふ頗る念の入つたもの」(七四)とある。また記事には、ホテル建築については「ライト式に多分に日本趣味を盛つた風変わりな建て方」とあり、アメリカ人ライトによる作風というだけでなく、日本趣味と判断されるホテルだったようだ。日本間もスキヤキもまた外国人を意識していたのだろうか。ただ甲子園ホテルには、この林愛作と英策の兄弟二人で関わったともいわれている。(七五)このスキヤキは、その兄弟で関わったことを示しているように思えてならない。

東洋の名門ホテルには、シンガポールのラッフルズホテルのようにカレーを楽しめるティフィンルームがある。ティフィンとは、もともとインドでカレーなどを入れる金属製の二、三段になった弁当箱のことをいうようだ。それがティフィンは昼食を意味するようになり、甲子園ホテルの英文パンフレットにもランチではなくティフィンとなっている。東洋のホテルで西洋料理だけでなく、その国の名物料理をだすという意味で、甲子園ホテルのスキヤキルームとは、ティフィンルームにあたるものとして考えられたように思えてならない。西洋からみた東洋そして日本を意識していた林の頭には、ティフィンルームとスキヤキルームが重なって見えていたのであろうか。

ところが、林愛作は、開業翌年に甲子園ホテルの支配人を下りている。そして偶然にも同じ年の昭和六年十一月、英策も退社している。なぜ二人は同時期に指揮する場所を離れたのだろうか。英策は、昭和四年、アメリカ西海岸各州のホテル業界からの招待で、アメリカのホテル視察に出かけている。英策は、帝国ホテルを代表して、金谷ホテルの金谷眞一、富士屋ホテルの山口正造、万平ホテルの佐藤万平ら日本ホテル業界の重鎮たちとともに渡米した（七六）。英策は、『帝国ホテル百年史』（七七）によれば、その帰りは、ヨーロッパへ回り、パリでホテル業やレストラン業の視察研究をしている。また同年、英策は料理次長であった田中徳三郎を推挙し、帝国ホテル社長大倉喜七郎の私費でパリのプリニエやオテルリッツなどに留学させている。田中は、六年に帰国して料理長に就任するが、まもなく英策は同じ年の十一月に退社している。かつて兄・愛作と意見があわずに料理長を去ったその愛弟子・田中の東京會館料理長への就任を見届けての退社だったのだろうか。林兄弟は、帝国ホテルを兄弟で盛り立ててきたが、英策の退社で終止符がうたれた。

そして英策の退社後、昭和十五年には帝国ホテルは東京會館の営業を打ち切った。従業員も帝国ホテルに移ることとなったが、「日本間すきやき食堂（従業員二十一人）」は帝国ホテルに新設された。「東京会館で好評を得ていた（七八）」からのようだ。東京會館で生まれたスキヤキが、帝国ホテルの本丸に登ったのである。関西のもてなしが帝国ホテルにもとり入れられていった。

スキヤキとランドスケープデザイン

昭和十年代、甲子園ホテルそして帝国ホテルでも「すきやき」が定着していくが、それは他のホテルでも同じだった。

大倉喜七郎が関わった伊豆の川奈ホテルは、昭和十一年に竣工したリゾートホテルで赤瓦に白い壁というスパニッシュスタイルの建築であり、同時代、神戸・芦屋・西宮など阪神間でも流行したスタイルであった。支配人には、帝国ホテルグリル食堂主任であったスイス人のルディー・バスラーが着任する。バスラーは、ロンドンのサボイホテル、フィリピンのマニラホテルなどを経て、帝国ホテルに入社していた(七九)。彼は日本で初めてクレープシュゼットを広めたといわれている(八〇)。この川奈ホテルでもスキヤキが知られるようになる。

ここでは「すき焼きルーム」ではなく、「すき焼きハウス」だった。スパニッシュスタイルの洋館とは対照的に、沿岸を見渡す広大な庭園に日本の伝統的な茅葺民家が移築された。ここでのスキヤキは、川端康成の『名人』(八一)にも登場する。「川奈ホテルがあまり晴れやかなので、私はまたあくる日の朝から、大竹七段を誘っていった。七段のかたくなにこじれた気持ちが、ほぐれてくれればいいという老婆心もあった。日本棋院の八幡幹事や、日日新聞の砂田記者も誘った。昼はホテルの庭の田舎屋ですき焼きをして、夕方まで遊んだ。川奈ホテルは、前に私は舞踏家たちと大倉喜七郎に招かれて来たこともあるし、自分で来たこともあって、案内を知っていた」

このように川奈ホテルや甲子園ホテルに共通するのはリゾートホテルということであり、都心のような繁華街や様々な料理店からも離れていたことで、ホテルのなかで西洋料理だけではなく、日本料理が楽しめることが、より長期的な滞在を可能としたのだろう。甲子園ホテルの専用の「すき焼きルーム」に対して、川奈ホテルでは「すき焼きハウス」と大きな器となったのは、そのホテルの立地がよりリゾート的なことからも、より専用の器（建物）の演出が行われたのかもしれない。

さらに茅葺屋根のすき焼きハウスは、本館から見れば、富士山が眺望できる窓側に向けられた。スパニッシュスタイルの本館メインダイニングから見える風景は、富士山とこの茅葺屋根というまったく日本的なものだ。ホテル建築とは対照的に、ランドスケープデザインは日本を意識していることは、また甲子園ホテルと共通することである。

ホテルで暮らす陶芸家

甲子園ホテルに暮らしたのは、楽焼の小西平内《へいない》である。平内は、昭和五年に楽焼を始めるが、何年かたって甲子園ホテルでの作陶に入る。平内の後援者には、時代を代表する大数寄者がいたようだ。[八二] それゆえ彼らと親しい財界人であった甲子園ホテル社長・井上周らが平内を支えたことも考えられよう。しかし、そこに暮らすというのが、またリゾートホテルとしてのゆとりかもしれない。作品は、ホテルの売店にも置かれる。銘として、「ホテル」「庭焼」と中央に刻まれる。またその脇には「甲子園」とあり、そのさらに脇に初めて平内と名が入っているものもある。平内によるホテルへの配慮なのだろうか。

ホテル関係者たちとともに写る小西平内（二列目右端に立つネクタイ姿）

御《お》庭焼《にわやき》は、江戸期から大名らが城内や邸内に小窯を築いて好みのやきものを焼かせた、好事的なものとされた。平内も広大な庭園に囲まれ自由な創作をふるった。鉢の縁に蟹が歩くものなど、伸びやかな創作がみられる。毎年、ホテルで撮影される集合写真に、写っている。写真は正月などにとられたらしく、林田の日記にも、「新年の記念写真が撮れて居たが各人各様面白い。大杉の顔や宇山君の顔が目立つ」（昭和十二年一月十日）などと書かれている。

平内は、甲子園ホテルで昭和十五年、川喜多半泥子と出会うのである[八三]。本名、川喜多久太夫政令は、「東の魯山人、西の半泥子」と称された数寄者で、百五銀行の頭取、会長を歴任するなど財界での活動の他方で、陶芸、書、絵画など多彩な作を発表していた。

半泥子は、おそらく、たまたまホテル客として投宿していたのだろう。そこで、平内の作品、そして平内自身と会うことになる。平内は、翌年の十六年には半泥子に入門するのである。十七年の平内の井戸手茶碗には銘を「甲子」としている。

リゾートホテルでの作陶、三笠焼

ホテルでの陶芸は、甲子園ホテルの開業以前には、軽井沢の三笠ホテルで焼かれた三笠焼がある。三笠ホテルは日本郵船や明治製菓で重役を務めた実業家山本直良が創業させた。明治三十七年に建築を着工させ、翌年にはホテルの敷地内で三笠焼が焼成されることとなった。

作陶には横浜真葛焼の名匠、宮川香山が招かれ「西洋風雰囲気の漂うハイカラな焼き物が焼成された(八四)」。宮川香山も、もとは京都の製陶家であったが、諸外国への作品の貿易拠点であった横浜へ、明治四年窯場を開き、輸出用陶業に着手していた(八五)。六年にウィーン万国博覧会で名誉金牌、またフィラデルフィア万博、パリ万博、シドニー万博で受賞し、二十年代には西欧十九世紀末の陶芸様式から刺激をうけるなど作風を変え、二十六年にシカゴ・コロンブス万博、三十三年パリ万博でも受賞を重ねた(八六)。その香山が六十五歳になって軽井沢に迎えられる。海外でも名を高めていた陶芸家が、特に外国人客の多い軽井沢のリゾートホテルの場に迎えられたことも不思議ではない。ホテルマンと製陶家とは明治から大正にかけて、外国人の趣向を理解せざるを得ない仕事として共通するものがあったであろうし、その両者が同じ場所にいることは自然なことである。

またこうした日本の美術品に関わる感覚は、ホテルには不可欠だったのだろう。昭和十三年に横浜のホテル・ニューグランドの二代目会長に迎えられたのも古美術商のサムライ商会を経営していた野村洋三だった(八七)。そして甲子園ホテルの育ての親となった林愛作もまた、帝国ホテルの経営に迎えられるまでは、海外で活躍する古美術商であった。

ホテルが外国人用に発行した英文ガイドにも、古美術、磁器といった情報が掲載された。甲子園ホテル近くでは、オリエンタルホテルによるショッピングガイド(八八)には、骨董品店、薩摩焼や磁器を扱う店が紹介されている。日本を訪れる外国人には、陶器よりも磁器に人気があったのだろうか。

しかし、甲子園ホテルでは、楽焼がホテル土産に並べられた。外国人向けリゾート地で始まった軽井沢に生まれた三笠ホテル、そこで焼かれた三笠焼を、海外で受賞を重ねた宮川香山が担った時代は、明治後期の軽井沢であった。甲子園ホテルとは、二十年以上のひらきがある。

阪神間には、平内を支えたような茶の湯に傾倒した財界人が多く暮らし、また彼らもホテルを積極的に利用していた。西宮芦屋に暮らす彼らは、自邸に茶室を構え茶会を盛んに開いている。もちろん甲子園ホテルにも茶室が設えられていた。彼らにとっては、磁器よりも楽焼に目がいったのだろうか。こうした小西平内の作品もまた、茶会が盛んに開かれた阪神間に誕生したホテルを象徴しているのかもしれない。

リゾートホテルというゆとりが、こうした創作活動をも可能にさせたのだろう。軽井沢と甲子園という東西を代表するリゾート地において、そこに誕生したホテルで作品が生まれていったのだ。

国際観光局第一号ホテルと常盤焼

陶芸はリゾートホテルと相性がよかった。とうとう陶芸を娯楽として宣伝するホテルができている。三河湾を見渡す蒲郡ホテルは、昭和九年に誕生した。大正元年に開業していた旅館「常盤館」が礎となった。政府が外貨獲得を目的に鉄道省に設置した国際観光局による第一号ホテルとなる。来客は外国人一人に対し、日本人十人と、[八九] 日本人が主となるホテルとなったようだが、外観としては社寺建築と天守閣を思わせる日本趣味となっている。

そして娯楽として、玉突などとともに「製陶」をパンフレットで宣伝している。[九〇] また海上には屋形舟、そして丘上に温室とともに「製陶場」も載せた。この製陶場は、常盤館時代から既にあったのかもしれないが、常盤館内製陶場と絵葉書も出されている。この絵葉書には作陶に励む四名が写る。

いずれにしても陶芸を楽しむことが、リゾートホテルで娯楽とされることになったのだ。明治三十八年から大正五年と、十年間焼かれた三笠ホテルの三笠焼、ホテルで焼かれ土産ともなっていた甲子園ホテル、最後に蒲郡ホテルでは、リゾートホテルにおける娯楽として成立している。

ホテルでの陶芸という過ごし方が、日本のリゾートホテルの一つの形となったのだ。

甲子園ホテルから四年後にできた蒲郡ホテルには、廊下に小さな畳の間が設けられている。これは甲子園ホテルでもフロアーステーション（女中溜り）として、つくられていた。蒲郡ホテルでは、ここで到着するお客さんへお茶がたてられたという。[九一] 常盤館から続いた日本式もてなしなのだろうか。ただ蒲郡ホテルは、甲子園ホテルを施工した会社が工事を請けおった。甲子園ホテルが参考にされてもおかしくはない。

外国航路の客船とホテル

陶芸教室そしてスキヤキ、西洋式のもてなしが目指されたホテルにおいて、いつしか極めて日本的な過ごし方が定着してくる。そのころ、同じような空間が、海の上でも繰り広げられていた。

昭和九年、日本郵船は「楽しい船旅　１９３４(九二)」という広報映像をつくった。そこには、外国航路での船上の娯楽として、スキヤキパーティーが映される。座布団、ちゃぶだい、岡持ちと和室のしつらいが船上にできあがる。

そして映像は、今度は乗客が手びねりで陶土をこねて作陶するシーンとなる。欧州航路や北米、南米航路といった長期間の滞在のなかで、外国人客と日本人客がともに楽しめる娯楽となる。スキヤキと陶芸、これらは、まったく同時代にみられたリゾートホテルの過ごし方と同じメニューである。

外国航路の客船とホテルとは、きわめて近い存在であったのだ。特にホテルの顔であるフランス料理とは、ホテルと客船のコックたちが腕を競い合っていた。料理の世界では、帝国ホテル系かオリエンタルホテル系、郵船系といわれた。そして両者の行き来はことさら頻繁であったのである。ともに旅人をもてなす最高の空間を目指している。また外国人旅行者には客船とホテルとは、連続する空間である。外国人にとって、船旅で来日し、港のホテルに泊まる。神戸港に入ればオリエンタルホテル、横浜に着けばまずニューグランド、そして翌日は帝国ホテルという行程となる。

甲子園ホテルも、神戸港と無関係ではなかった。神戸港からヨーロッパへ新婚旅行に向かう高松宮殿下夫妻が、出航前夜、開業してすぐの甲子園ホテルに泊まっている。

外国航路の客船とホテルとは、連続する共通した空間であったのだ。そしてそれは客室や料理だけでなく、娯楽さえも同じであった。特にこの「すきやき」と陶芸という娯楽は、日本のひとつのスタイルとして定着していったのだ。

ファミリーホテル

東洋風のメインダイニング

明治二十三年（一八九〇）、帝国ホテルの初代本館では、壁面にはネオ・ルネッサンス様式、内装には和風が取り入れられた。甲子園ホテル開業前の昭和二年（一九二七）、関東大震災から復興していく横浜に、ホテル・ニューグランドが生まれた。西洋風の外観に対して、メインダイニングは日本的要素がちりばめられた。『ホテル・ニューグランド50年史（九三）』によれば、「この東洋的な装飾は、左側の大食堂でさらに絢爛と生かされ、中央壁ぎわの四曲一双の屏風には小早川秋声の『富嶽雲海之図』が描かれ、四辺に組み込まれた桝組蟇股《かえるまた》と四本の柱木割、天井から吊るされた唐金の天蓋、銘木黒檀の扉の内側にはめられた白鳳期の鎧瓦にそっくりな金色の細工が豪華さを一層引き立てていた」という。

メインダイニングといえば、甲子園ホテル開業の昭和五年に新設された箱根富士屋ホテル（ホテル開業は明治十一年）の新メインダイニングもまた日本趣味の建築として誕生した。山口由美の『箱根富士屋ホテル物語』（九四）によれば、「社寺建築を思わせる格天井には、すべて違う種類の高山植物が描かれている。そして、天井でも壁に近い部分には、入って右手に鳥、左半分に蝶が乱舞する。さらに、下を取り囲むように施されているのは、十二支をはじめとする動物の木彫刻だ。その豊かな装飾は、ライトが魅せられ、正造が幼いときに見た東照宮をどこか彷彿とさせる」という。

正造とは、林愛作が帝国ホテル支配人を辞した時に抜擢されて支配人となった山口正造である。日光の金谷ホテル創業者の金谷家の次男として生まれるが、富士屋ホテルの山口家を継いでいた。その山口正造が十一ヶ月間、帝国ホテルの支配人を務め、ライト館工事の指揮をとった。そして、山口正造が富士屋ホテルに戻って完成させたのが、昭和五年に竣工させた食堂建物の二階のメインダイニングだった。その一階にある、ビリヤード場とトイレの天井に飾られた幾何学模様には、山口由美は『箱根富士屋ホテル物語』（九五）のなかで「ライトの面影を見たような気がしたのである」と書いている。

そのメインダイニングの柱の下部にトーテムポールのように彫刻された顔は山口正造だといわれる。ホテルの顔であるメインダイニングを見守っているようである。同様にホテルの幸せを願うように、同じ年、甲子園ホテルでは打出の小槌が刻まれた。
また富士屋ホテルのメインダイニングには、山口正造の顔だけでなく、野球をする選手の姿も数ヶ所に彫刻されているのだ。甲子園ホテルの厨房でコックたちが夢中になっていたモダンスポーツの野球が、富士屋ホテルではメインダイニングをも飾ることとなった。

林式ホテル

甲子園ホテルが誕生したとき、ホテル建築の大きな流れのひとつに日本趣味があった。甲子園ホテルができた数年後、箱根富士屋ホテル、日光金谷ホテルといったリゾートホテルの新館建築には、本館の洋館建築に対して極めて日本の伝統様式を意識した建築ができていくこととなる。

しかし、甲子園ホテルに抜擢された建築家は、林愛作が帝国ホテル時代、ともに夢をかけた遠藤新であった。自ずとその様式は、「ライト式」と呼ばれたフランク・ロイド・ライトを忠実に継いだデザインとなる。

帝国ホテルで、ライト館の完成前に涙をのんだ林愛作にとって、甲子園ホテルにかける思いは強かっただろう。その思いが形となったホテルは、もうライト式というよりも林式となる。

遠藤新もひかえめに林式を説明している。（九六）「私は林さんの甲子園ホテルを設計したというだけで、今日明日の問題としてのホテルといった様な命題に対しては寧ろ林さん（林愛作氏）がいうことも持っているし、書くべきでもあろうと思います。ですから、ここでは自然林氏の代弁の格好で甲子園ホテル設計の生い立ちを顧ることにいたします。林さんに従えば、日本の宿屋のサービスは実に優れたもので世界の何所に行つたつてこんなかゆい所に手の届く様な世話をやつてくれる所はありません」。

林愛作にとっての理想のホテルとは、単なる西洋式のホテルではなかった。そこで遠藤新の手によって生まれた空間は次のような和洋室だった。

「かつて林さんは何かに理想のホテルという題で書いたことがある。其れは八畳の日本間と十畳の洋間と続いたもので」「洋間を居間日本間を寝室或は食堂などに使ふ」というものであった。

家庭的なホテル

林愛作は、甲子園ホテルが設計される前である昭和二年に「理想的なホテル」という寄稿をしている(九七)。

「西洋間には家具の一部としてカウチ（昼は長椅子で夜はベッドになるもの）を置く。かうすると、お客の側からいへば、長々と畳の上に寝ることも出来るし、ベッドがよければベッドもある。西洋人が来てもこの部屋で十分だ。西洋間は完全の客間である。一家族投宿などの場合は、両親が西洋間に、子供三四人位は日本間に寝る事も出来て、お客としても便利であるが、経営者にとつても非常に便利である。純西洋風の宿屋の一人寝の室は、最小限度八畳（便所浴室を除き）を要する。従つて百のルームに百のベッドしか入れられないから、いざ客の山といふ時に、手も足も出ない。旅館で伸縮力のないのは、経営難を意味するのであるが、多くは当初の設計を誤りたる為その苦を体験してゐるようである。しかるに私の設計によれば、伸縮は自在である。百の部屋に二百人も三百人も泊まれる、しかも靴のまゝで入れる西洋間と青畳の愉快さを味はひ得る日本間とがあるといふことは旅客にも経営者にも便利である」

このように林は、甲子園ホテルの開業前から、日本での理想的なホテルを模索していた。「事業の方面から見ると、西洋人相手のホテルは、目下のところ大都市以外では採算がとれない。どうしても日本人を主にするやうにしなくては、経営難に陥つてしまふ。だが現在のいはゆるホテルでは、日本人のお客にはどうも変で、気持ちが落ちつかぬ」

林は経営の視点からも、これまでの外国人向けのホテルではなく、日本人を中心とした日本人の気持ちが落ち着く、日本のホテルを目指していた。しかもそのホテルとゲストとの家族的な親密さをもとめたのだ。

「もと〳〵ホテルも、その歴史から見ると、イン、あるひはタヴァーンと呼ばれた時代時代には、経営者と客との間に家族的な接近があつた。部屋の数もすくなく、従つて客の数もすくない。また万事に悠長であつたから、自然家族的の親密さが存在したのである。これがありさへすれば、すこしは設備に欠けた所があつても、おとくいが出来てしまふから、めつたに客を逃がすことはなかつた」

「忙しい大都市のホテルと、避暑地避寒地のホテルとの間には、大きな相違がある。即ち、一晩泊りの多い所と、数日、あるひは数週間滞在する客を主とするホテルとの間には、自ら個人的接触に程度の差がある。然し大都市のホテルの経営者間にあつても、先覚者と呼ばれる人々は、どうにかしてパーソナル・タッチを得ようといふことに苦心しつゝある。この点から見ると、日本でホテルを経営しようと思ふ人が、外国へ見学に行くのは大きな間違ひである。むしろ外国から日本の旅館……たとへば京都の木屋町辺にある四五の一流旅館を見学に来るべきである。物質的の設備は資本さへあればどんなにでも出来るが、客の気持を呑み込んで、痒い所へ手の届くやうに親切にする、あの心と心との接触は、金でできることではない」

つまり林は、将来におけるホテルの方向性を、外国のホテルではなく、伝統的な日本旅館に求めた。ホテル経営者たちが盛んに海外視察に向かっているのに対して、林は日本旅館から学ぶ姿勢を示した。またホテル経営者たちによって日本趣味の建築が誕生していくなかで、林は単なる日本の建築ではなく、日本に育まれてきた生活空間に着目したのだ。

そして七十室という広いパブリックスペースに対しては部屋数が少なくおさえられたホテルが生まれた。

日本のホテルの魁

その林が目指した日本のホテル、それが甲子園ホテルとなって誕生することになる。ホテル完成が近づいてきた昭和四年十一月十一日(九八)、林の思いが大阪朝日新聞に載せられた。

新聞記事には、『理想を実現』、「日本趣味を多分に採り入れて林愛作氏のご自慢」とタイトルが打たれる。

「私は数年前関西の某雑誌に理想のホテルといふことを書いたことがあるが、それが今実現しようとしてゐるのです。建物は周囲の風景との調和を考へ何処にも見られない特別のものにしました、また自然風景を建物の中に採り込み外と内とから賞美出来るよう考慮を拂つたつもりです、施設はお客本位で便利に、愉快に、そして欲する総てを満足出来るやうな方針でやりました、客は日本人六七分、外人三、四分位と思つてゐますが、日本人には洋室だけではもの足らぬことは事実ですから畳に床、花といつた風に日本間をも配しました外人にしても日本の趣味は必ず欲するところで畳の上に日本の夜具を着て寝ることに満足することゝ信じてゐます、その他湯殿、水、エレヴエーター、室の配置等総てに考慮を及ぼしました。私はこれが日本のホテルの改善の魁けにでもなれば非常に幸ひだと思つて献身的の研究と努力を致してゐます」

甲子園ホテルは、この記事に書かれるように、日本のホテルの改善の魁を目指した林の理想が、実現されたホテルとなったのだ。外国人よりも日本人を中心に考えた、日本人の、日本人による、日本人のためのホテルなのだ。前にも書いたが、林は、日本人の、日本人による、日本人のための最初のゴルフクラブ創設に関わっている。林の頭には、いつもこのような考えがあったのだろうか。

ファミリーホテル

完成したホテルに銘うたれたのは、「家族」であった。ホテルの宣伝には「A N　I D E A L　F A M I L Y　H O T E L　K O S H I E N　H O T E L」と書き入れられる。決して新

甲子園ホテルの売店

各階廊下に設けられたフロアステーション

テラスでくつろぐ女性客（堀江珠喜氏所蔵）

しさや施設、建築が自慢にされたのではなかった。ライト式の建築よりも、むしろこのＡＮＩＤＥＡＬ　ＦＡＭＩＬＹ　ＨＯＴＥＬこそ甲子園ホテルの真骨頂としているのだろうか。林が、完成前から提唱してきた家族的なホテルがここに実現したようだ。家族的な関係は、単にお客さんとだけでなく、結果的には野球チームにも見られるような従業員の間でも育まれるのだろう。

家族ということは、林にとって帝国ホテル時代からも一貫したものである。帝国ホテルで最初に刷新したひとつに、わが国では先駆的な従業員やその家族のための共済会をつくっている。それまで従業員の福利厚生については、社内規定もなかった。林は、従業員は「一大家族」として考えていったようだ。帝国ホテル時代から林が引き継いだことは、単なるライト式建築だけはなかった。

ホテル外見の建築

「客は日本人六七分、外人三、四分位と思つてゐます」と林がいうように、甲子園ホテルは日本人客が想定された。外国人に意識が向けば、外国人を喜ばせるために、ホテルが日本趣味で飾られていくことにもなったであろう。建築に日本趣味が生まれていく理由には、もちろん明治三十八年に日露戦争に勝利し、一等国に仲間入りというなかでできた国粋主義も少なからず影響している。特に公共建築やホテルに見られるような、象徴的な建物には時代が反映されていく。

甲子園ホテルが開業する昭和五年からは日本中でホテル建設ブームとなる。外国人観光客からの関心の高まり、また外貨獲得や外国人観光客誘致に向けて、大蔵省が長期低利の資金を融資していた。そこで誕生していく蒲郡ホテル（昭和九年）などが和風で飾られていくように、ホテルが想定する主たる利用者が日本人か外国人かということでも、建築イメージが変わっていったのかもしれない。各地で城郭や社寺を思わせるホテルが建設され昭和十年代までつづいた。また昭和十六年、沖縄ホテルでは、赤瓦の反り屋根が西洋館にのせられている。甲子園ホテルもまた少なからず日本趣味が影響したのではないだろうか。しかし、林が求めたホテルは別にあったのだ。

一方で、ホテルが計画された阪神間ではある建築様式が大流行しようとしていた。ホテルが完成する前年、西宮では関西学院のキャンパスいっぱいにウィリアム・メレル・ヴォーリズ設計によるスパニッシュミッションスタイルの校舎が建ち並んだ。

関東大震災から居住を阪神間へ移した谷崎潤一郎が、ここで初期に書いた作品が『赤い屋根』であり、赤い屋根とは赤いスペイン瓦である。白砂で織り成された地面と、赤い屋根がつくりだす対比鮮やかなコントラストは、より赤い屋根を際立たせたのだろう。

ただスパニッシュミッションといっても、スペインではなく、かつてスペイン支配下にあったカリフォルニアで流行していた様式であった。それが日本で、特に阪神間で定着していく。スパニッシュといってもカリフォルニアを起源とした様式は、今度は阪神間におけるスタイルとして定着する。ライト式もまた同じように日本的な展開も見られた。

日本でいうライト式といえども、アメリカにおけるライト建築に対して、帝国ホテルにおける設計には、極めて装飾的な意匠が施されたという。その意匠が引き継がれたライト式とは、日本におけるライト式ともいえるのかもしれない。

したがい、見方によれば甲子園ホテルで意識されたライト式には、日本的な趣味が見られないとはいえないのだ。軒先に幾重にも繰り返し石に細工された滴模様は、日本建築に見られる軒先とは無関係とも思えない。また無数に刻まれた打出の小槌こそ、日本的な造作でもあった。先にも書いたが、開業寸前には「ライト式に多分に日本趣味を盛つた風変わりな建て方」(九九)と新聞でも評されている。

遠藤が引き継ぐ林式

スパニッシュスタイルが流行るなか、ライト式はそれほど広まることはなかった。ところが林式が引き継がれていくことになるのだ。それも遠藤新によってである。甲子園ホテルが披露されていくなかで、遠藤に仕事が入った。

信州戸倉温泉にある笹屋ホテルであった。笹屋ホテルは、明治三十六年に旅館を新築し、清涼館笹屋ホテルと命名され開業していた。(一〇〇)甲子園ホテルの評判を聞きつけて、依頼があったのは、甲子園ホテルが完成した翌年であったという。(一〇一)遠藤は赤倉でのスキー帰りに戸倉に立ち寄り、(一〇二)そこでライト式とまったく異なる木造日本建築を設計することになる。

しかし、甲子園ホテルと同様、客室が一列に並ぶことはなかった。客室が個々に廊下をもった。パブリックスペースとも渡り廊下で客室と分離される。三部屋以外のお客さんと顔を会わすことのない配置は、甲子園ホテルとまったく同じ発想である。さらに客室には「板の間付きの座敷」が採用された。「これは林愛作が甲子園ホテルを建築する際に提唱した理想の客室パターンをかなり簡素にしたタイプではあった」（一〇三）という。

さらに七年、栃木県那須温泉にある松川屋からも依頼がくる。リゾートホテルとして既に経営されていた建築を改修する仕事だった。建物は長い廊下に沿って客室が並んでいたようだが、遠藤は奥まった数部屋をひとつにして、ここを林推奨の「板の間付き座敷」（一〇四）としたという。日本旅館を意識していた林式が、こうして温泉地において積極的に取り入れられたのは、自然なことだったのかもしれない。日本におけるホテル設計では、ライト式よりも林式が引き継がれモデルとなっていく。

もうひとつの「西の帝国ホテル」の誕生

甲子園ホテルが開業した昭和五年、関西ではもうひとつのホテル事業の計画がスタートしていた。それも「西の帝国ホテル」を思わせる大事業である。

「第二の帝国ホテル」という呼び方は、これまで甲子園ホテルにつけられていた。「関西方面に於いて第二の帝國ホテルを想わせるライト式の甲子園ホテルが生まれた」（一〇五）、というようにホテル業界も表現していた。確かに甲子園ホテルとは、帝国ホテルの有名支配人であった林愛作によるホテルである。また料理長も帝国ホテル出身ともいえる人物であった。

そしてホテル開業を知らせる新聞記事にも（一〇六）「このホテルは阪神電車の尻押しで前後十三年間も帝国ホテルの常務取締役として万事を切り廻してゐた林愛作氏の経営で」というように、なにかと帝国ホテルをひきあいにして取り上げられる。しかし、前にも述べたが「帝国ホテルから来た」とは、単純に考えるべきではない。実際、林は火災の責任などが原因で帝国ホテルを辞していた。

そうした林の経緯から考えると「第二の帝国ホテル」と呼ばれたのは、帝国ホテルからの人材が登用されるようなイメージではなく、あくまでも先の文面にあるように「帝國ホテルを想わせるライト式の」というように、遠藤新設計による建築が帝国ホテルを彷彿とさせていたといえるだろう。

しかし、この甲子園ホテルのスタートの年に、帝国ホテルは関西に第二の帝国ホテルを思わせるホテル計画を進めた。

帝国ホテルが力を入れた大阪のホテル

甲子園ホテルが開業した同じ年の十月、帝国ホテルの犬丸徹三支配人は、大阪市から大阪市営ホテル建設事務を委嘱された。犬丸は、林愛作支配人時代に、ライト館における料理場の設計のために海外から副支配人としてむかえられたホテルマンであった。ホテルにおける厨房などの重要性がうかがいしれよう。そして犬丸は、林が辞し、山口正造が支配人を数ヶ月つとめた後に、支配人に就任していた。設計には東大出身の新進工学士、高橋貞太郎があたった。犬丸は「高橋氏は建築設計については独特の才能を有する前途有為の士で、未だ春秋に富む身であったが、ホテル建築に関しては経験も多からず、さほど精通していなかったと思う。ライト氏は、確かに高名の建築家ではあったが、ホテルの設計専門家ではなかった。その意味において高橋氏の場合も、彼に最新の様式を有するホテルの形状を理解せしめるのに、私は私としての苦心を払い、とくに従業員の通路については、料理場から職場へ赴くのにバックサイドを通り抜けられるように留意して、助言を与えた。こういう過程を経て、仮設計が完成したのは、昭和五年初夏であった（一〇七）」と書いている。

甲子園ホテルの開業と同じころ、一方で、明らかにライトとは違った路線のホテルが帝国ホテルによって関西に作られようとスタートしていたのである。

ところが、この大阪を代表する事業について、東京の高橋が起用されたことは関西の建築界に大きな波紋をよぶこととなる。大阪では、関西の建築家による設計という思いが強かったようである。もちろん大阪のホテル建設は官民あげての大事業であり、大阪の顔を決める一大事でもある。結局は、高橋と関西の建築家との共同ということで設計は落ち着いた。

高橋は、同時に川奈ホテルの設計をしている。川奈では、赤いスペイン瓦に白い壁のスパニッシュスタイルで設計している。また昭和八年には上高地帝国ホテルを設計していた。上高地ではスイス風シェレースタイルと、同時代の日本趣味のホテル建築とは違った。そしてホテルによって全く異なる様式を採用している。

そうして開業したのが新大阪ホテル（現・リーガロイヤルホテル）である。そして帝国ホテルから八十二人のスタッフが大阪にホテル開業のために集結した。それは甲子園ホテル開業から、五年後の昭和十年のことである。料理長の菊川太平、副料理長の丸山忠作、料理スタッフの佐藤孫次郎、常原久弥、副支配人、秘書、フロントマネジャーまでが帝国ホテルから就任する(一〇八)。

また支配人となった郡司茂は「私はかねてから宴会部門の重要性を熟知していたので、宴会部門責任者には大阪で顔が売れている大阪ホテルの足代好教氏を起用した。ウェイターとウェイトレス関係者はすべて大阪で採用した。帝国ホテルから西下した新進気鋭の中堅幹部と、現地採用の第一線部隊とが混然一体となって、新大阪ホテル創業時代の幕を開けたのである(一〇九)」としている。

帝国ホテルの思いの強さが知れるのは、大阪に赴任したその人材の顔ぶれである。帝国ホテル社長の大倉喜七郎は、ポケットマネーで料理やホテル事業の研究に海外留学を命じていた。特に有能な料理人を留学させて世界一流の料理を修得させようとしていた。新大阪ホテルの支配人となった郡司茂は、その第一陣として昭和三年に、帰国後に帝国ホテル料理長となる石渡文治郎ら三人の一人に選ばれフランスへ向かった。第二陣の昭和四年組には、東京會館の田中徳三郎が、林愛作の弟・林英策の推薦で渡仏している。

そして第三陣の昭和七年組となった三人には、新大阪ホテルの初代料理長となった菊川太平と、セコンド(二番)となった常原久弥の二人が入っている。帝国ホテルがどれだけ手塩に育てた人材かがうかがい知れよう。帝国ホテルにとっても大切な人材を新大阪ホテルに赴任させたのである。

この大倉社長による常原の留学も、新大阪ホテル開業を見越してのことのようだ。「新設される予定だった新大阪ホテルに移ることが内定していたんですが、大倉さんから、新大阪ホテルができるまでみっちり本場で勉強して来い、といわれましてね」（二〇）ともされている。帝国ホテルの新大阪ホテルへの力のいれようが垣間見られる。

帝国ホテルは、この時期には新ホテルの開業を応援している。昭和十一年の名古屋観光ホテルには、支配人、料理長以下四名の料理、ベーカー、宴会ヘッド、グリル・ダイニング、庶務主任、ウェイターキャップ、副支配人、宴会・婚礼、電話交換女子オペレーターら約三十名が赴任したという（二一）。

このように各地に人材を輩出した。なかでも新大阪ホテルには、力が入っている。新大阪ホテルもまた「西の帝国ホテル」ともいえるのではないだろうか。それに対して、甲子園ホテルが「第二の帝国ホテル」と呼ばれるのは、林愛作のあまりにも強い帝国ホテル時代の印象とともに、ライト式の建築の影響といえる。

甲子園ホテルと新大阪ホテルとの縁もスタートし、開業翌年の林田の日記にも、「新大阪ホテルのチーフが東京に帰るのでチーフは出かけた」（昭和十二年三月十日）などと書かれている。

戦争と新しき土

新しき土

甲子園ホテルで一本の映画が撮影された。日本で初めての日独合作映画である。ドイツ人監督は、山岳映画の巨匠、アーノルド・ファンク、日本側監督に伊丹万作、音楽は山田耕筰である。撮影もリヒアルト・アングストの手によって行われた国際的作品である。主演は十六歳の原節子となった。

映画は、日本の地震のシーンから始まる。ドイツに留学していた輝雄（小杉勇）が、客船で帰国し、帰国直後に旅装を解くホテルに甲子園ホテルの建物が登場する。松林に囲まれたホテル前に車が入り、回転扉が登場する。屋上のテラスで、輝雄は、ドイツから客船で一緒だったドイツ人女性ジャーナリストとティータイムを過ごすシーンとなる。ティーカップには、着物姿のホテルの女性からお茶が注がれる。テラスから見下ろすと、階下には日本軍が行進している。

次にホテルのロビーで、婚約者の光子（原節子）と、その父（早川雪州）と、久々の再会を果たす。しかし、このロビーは甲子園ホテルではない。おそらくセットであろう。

映画は、輝雄が旧家の婿養子になる封建的な結婚に反発していく。失望する光子は、花嫁衣裳で火山に身を投じようとする。煙立つ険しい火山を光子は覚悟をきめて頂を目指す。それを悟った輝雄はその頂で追いつき、光子を救出するのである。

結局は一緒になった二人は「新しき土」を目指すのである。「新しき土」とは、映画のタイトルでもあった。それは、日本人が新天地を目指す満州である。ドイツでの題は、日本語に訳すと「サムライの娘」であり、ドイツにとってのこの映画にもとめるものと、日本が目指すものとの違いである。

ラストシーンは、満州で農家として暮らす輝雄と光子、そして赤ん坊の家族が映し出される。その近くには関東軍が見守っているのであった。満州への期待と、他方で戦局への動きが少しずつせまってくる。映画は昭和十二年に公開される。

映画『新しき土』撮影の様子（林田高明氏所蔵）

ここで登場していく地震や火山、また安芸の宮島厳島神社などドイツ人監督からみた日本が撮影されていく一方で、映画公開される昭和十二年には、そうした外国人の目を意識するように、日本のホテルは続々と日本趣味の建築を完成させている。しかし、監督アーノルド・ファンクは、そうしたホテルのなかで、ライト式の甲子園ホテルにしている。日本の伝統的文化と、モダニズムの双方を、ドイツに伝えようとしているのであろうか。しかし、いずれにしても、この日本のモダニズムの象徴として甲子園ホテルが選ばれることは、外国人の目には、伝統的な京都や宮島と同様に、彼らをひきつけるものがあるのだろう。

しかし、他方で満州についてはどう感じていたのだろうか。また日本のホテルも大陸を目指して行った。甲子園ホテルの厨房からも大陸のホテルへ向かうものもいた。甲子園ホテルを退いた林愛作も、香港ホテルの支配人となっていた。また遠藤新も、活躍の場を満州に求めた。昭和八年には、満州中央銀行の新京の行員宿舎とクラブの設計のために満州に向かっている。

そこで遠藤もまた「新しき土」を探したのであった。木の国の日本とちがって、大陸は土の国、土の建築、その土がもたらす煉瓦を、この大地の素材として選んだようである。遠藤はこの大陸の煉瓦を多用した。そして、完成した満州中央銀行の宿舎を、「人はここを、『新京の帝国ホテル』とか、『新京の甲子園ホテル』と、親しみをこめてそう呼んだ(一一二)」ようである。

クーデターと甲子園ホテル

映画「新しき土」の製作は、公開された前年の昭和十一年、日本がドイツと日独防共協定を結んだことがきっかけとなった。また十一年、二月二十六日には「二・二六事件」が起こる。この官邸などを襲撃するクーデターを起こした決起部隊は、官庁に近い山王ホテルを占拠した。宿泊客らは帝国ホテルや麹町万平ホテルなどに移動させられ、ホテルには反乱軍とされた兵士たちが留まった(一一三)。帝国ホテルの裏が、鎮圧部隊の拠点の一つとなり、帝国ホテルは、二日間にわたりカレーライスなどの炊き出しを行ったという(一一四)。

この反乱軍とされた彼らによる襲撃の目標には財閥人もふくまれているとされ、三菱合資会社は総帥である岩崎小彌太を安全な場所に移す手配をした。「二十八日小彌太は警視廳筋から即刻に帝都の域外へ移り、擾亂鎮定まで都内に帰らぬよう内密の要請を受けた」という。(一一五)

そこで選ばれたのが甲子園ホテルであった。「総勢八名であつた。大阪で下車して阪神沿線の甲子園ホテルに入つた。周りの者の考へでは萬一の場合は更に上海か香港へ赴くことも考へ乗船の手配までしたが、勿論そんなことは社長の耳には入れなかつた。併し関西に行つてみると、同地の様子は案外平静なので一安心した譯である。社長はこのやうな軟禁状態を好まず、頻りに外出を望まれたが、何しろあの威風堂々たる體軀の人が出歩くと人目に立つので、われわれの気苦労は並大抵ではなかつた、併し本人は平気で知人を訪ねたり、ゴルフに出掛けられたりするので、東京の本社からは長距離電話で叱られたこともある。(略) 幸い事件は意外に早く落着したので、一行は三月十日甲子園を発し、途中三河湾の蒲郡に一泊して十二日に東京に帰つた」。(一一六)

岩崎小彌太は、内密に甲子園ホテルに宿泊していたゲストであった。東京から見た甲子園ホテルとは、大陸へ向けた足場でもあり、同時に安心できる場所とされていたのだろう。またホテル周辺には財界人も多く暮らしており、彼らの存在とも無関係ではないだろう。関西が帝都ほどの混乱はなく、一線を画した平静さを保っていたのだろう。

阪神間と甲子園ホテル

昭和十三年、十一月十五日、中華民国維持政府の行政院長となった梁鴻志が訪日する。この

甲子園ホテルで開かれた梁鴻志氏阪神官民招待晩餐会（著者所蔵）

ころには大陸から多くの来賓を迎えることになる。『中華民国維持政府　行政院長梁鴻志氏訪日記念』(一一七)のアルバムには、梁鴻志が来日するとまず帝国ホテルで記者団と会談、翌日には、明治神宮を参拝し、首相官邸で近衛首相招待晩餐会が開催されている。その後、晩餐会は、陸相官邸などとなるが、ホテルでは、二十一日に帝国ホテルで梁院長招待各国務大臣及在京官民晩餐会が開かれている。

そして離京し、新大阪ホテルで大阪官民合同招待晩餐会、オリエンタルホテルで神戸官民合同招待午餐会、最後に甲子園ホテルで阪神官民招待晩餐会に梁は参加している。また関西では、ホテルではないが、大阪で在大阪華僑歓迎午餐会、神戸で在神戸華僑歓迎茶会と、東京では見られない宴も催されている。

ホテルの晩餐会・午餐会としては帝国ホテル、新大阪ホテル、オリエンタルホテル、甲子園ホテルと四ホテルで開かれている。官民による宴会は、アルバムに載せられた写真では、国内で東京、大阪、神戸、そして阪神と四回のようである。この四都市には、それぞれ独立した財界が形成されていることがわかる。

ここで大阪、神戸と開催されながら「阪神」としてわざわざ晩餐会がもたれている。大阪でも神戸でもない都市として阪神が存在している。そしてその阪神官民の象徴的空間として甲子園ホテルが存在していたのだろう。大阪と神戸の中間にして迎賓館として立地していた甲子園ホテルの存在とは、大阪でも神戸でもない都市の象徴的空間として機能していたといえるだろう。

この四ホテルの写真を見比べれば、テーブルセッティングにもそれぞれ個性がある。テーブルごとに小さな両国国旗が飾られたオリエンタルホテル、他の三ホテルのテーブルには菊が飾られるが、甲子園ホテルでは櫻と書かれた梁院長のテーブルに、松も生けられている。しかし、帝国ホテルと甲子園ホテルに並ぶワイングラスやクープグラスなど四つのグラスがなにか似たような表情を見せているのだ。

半島へ渡ったホテルマンたち

新しき土へホテルマンも夢見ていった。甲子園ホテルからもいた。そこは、大陸ではなく朝鮮半島であった。満州と朝鮮半島との鉄道による連絡によって、半島にもホテル建設が必要とされていた。満州には、もうすでに南満州鉄道によって、明治末から沿線主要都市にはヤマトホテルが開業していた。そして大正三年、京城（現・ソウル）に朝鮮総督府鉄道局によって京城朝鮮ホテルが開業していた。支配人は、奈良ホテル支配人であった猪原貞雄だったようだ。（一一八）設計は、ドイツ人のゲー・デ・ラ・ランド、神戸のオリエンタルホテルや、神戸北野のトーマス邸（風見鶏の館）の設計者である。その京城に、昭和十三年、まさに大陸に対して半島を冠する半島ホテル（バンドーホテル）が開業し、そこに支配人が甲子園ホテルからいっている。甲子園ホテルからは他に三名がついていった。彼ら先輩たちを訪ね、休暇に半島ホテルへ旅行した西村修一の回想によると、（一一九）支配人には、若くして甲子園ホテル副支配人であった大多和辛九太郎、そして調理部セコンドであった高橋貫治と片岡善一、またバーテンダーの佐川だった。

林田の日記によれば、昭和十二年十月十四日に「佐川の送別を有志七八人でやったらしい。片岡の送別をやらなくてはならいがどうしらよいか」、そして十月二十七日「片岡の送別会をやるので準備した。九時からやる筈だったが十時になり終りは十一時半だった。盛大だった」と記され、三十日、「片岡に五円餞別した」「朝鮮に行けば相当恵れる幸福ならん」と林田は祈っている。半島ホテルが開業する前年のことである。半島へ渡ったのは、大多和と高橋といった甲子園ホテルのリーダーたちであった。

半島ホテルは、富田昭次の著書にパンフレットが載せられ、「京城駅から車で三分の中心地に位置していた。洋室五十・和室五十を備えたほか、神前結婚式と披露宴が行える設備も完備。今日の都市ホテルと遜色のない内容となっていた」とされている。（一二〇）設計は、新大阪ホテルと同

甲子園ホテルのバーの椅子は球体をあしらった脚が特徴だった

じ高橋貞太郎だった。

同じページで、半島ホテルより先に開業していた京城朝鮮ホテルの雰囲気を日本人バーテンダーの話を引用して伝えている。外国人との付き合いが多かったというバーテンダーがこぼしたゲストと交わした会話である。バーはホテルのもう一つの顔であり、会話と気づかいによって、旅装を解くゲストにとって最もゆっくりと会話を楽しむホテルマンの一人である。ゲストは心を開き、またバーテンダーは、時代や世界の動向をじかに感じることができるポストなのかもしれない。

京城朝鮮ホテルと同じく半島ホテルでも、日本人バーテンダーが就いていた。甲子園ホテルにいた佐川である。西村の回想によると、（二二）佐川はタップダンスの名手だったという。シェイカーを振る姿だけでなく、人をなごませる会話に長けていた人気ものの一人だったのではないだろうか。甲子園ホテルのバーは、ロビーの横にあり、メインダイニングより入口に近い。半地下だが明かりも入る。黄色い凝灰岩である日華石の暖炉もバーを温めた。床には多彩な色や形のタイルが敷き詰められた。カウンターには椅子はない。ところがバーの深いチェアーは、ホテルのなかでの最も特徴的なデザインであり、ずっしりとした脚は、建築を飾った彫刻と同じように球状に彫られている。ホテルが開業した翌月に出版された『新建築』の「甲子園ホテル号」には、この酒場の写真が三枚も飾られ、建築とともに目をひく空間とされたのだろう[一二二]。佐川もここでバーのチーフの下で、ゲストをもてなしていたのだろう。そして各国の旅人との会話がここに刻まれていったはずだ。料理長、鹿中英助も仕事帰りにはバーの裏で一杯ひっかけていったという[一二三]。誰もが一息、まさにとまり木となっていたのだろう。

そこの人気者佐川が甲子園ホテルから、半島ホテルのバーを温めたのだ。この半島から大陸、シベリア、ヨーロッパへ繋がる路線の拠点のバーで各国の旅人が彼と言葉を交わしたのだろう。佐川を訪ねた西村の回想では、京城の女優にも人気であったという[一二四]。彼の気づかいに惹かれたのだろう。

出征を見送るホテル

「やがて日支事変や日中戦争が相次ぎ先輩達も召集や徴用と駆り出され、次第に戦争も激しくなり人手不足のセクションに廻され経験しているうちに先輩がどんどん少なくな[一二五]」っていく。

ホテルでは、スタッフが出征するたびに見送りが行われた。ベーカーにいた中島喜志雄の出征の写真がある。またその出征にあたって上司の中川吉太郎の家での様子の写真がある。中川はベーカーではなく料理である。中川は芸術家肌で滋賀の膳所中学出身、文学を愛好し詩人と紹介され、帝国ホテル在籍時には数回に及び表彰を受けたとある[一二六]。この時の支配人は林愛作だ。

出征するスタッフ（最前列の５人）との記念写真。前列中央が中島（中島家所蔵）

中島喜志雄ら出征にあたっての中川家での送別会。前列右から二人目中島喜志雄、二列目右から二人目川端三之助、後列右から二人目中川吉太郎、後列左から二人目斉藤勘四郎（中島家所蔵）

林が辞した翌年に移動するが、昭和二年には弟・英策支配人がいる東京會館に戻っている。昭和九年現在では、川奈ホテルと記されており、おそらく転じたのであろう。そして開業から遅れて昭和十二、三年ごろ川奈ホテルから甲子園ホテルに来たのだろう。中川家での送別会の写真には、ボーイの川端三之助や、料理部の若者たちが並ぶ。きっと家庭的なホテルだったのだろう。

この家庭的な写真の他方で、中島を中心にした写真（前頁上）の右下には「市田」と神戸の写真館のネームが入る。毎年とられる集合写真では、最前列は支配人や重役の場であり、また市田の文字も入っていない。この写真は特別なものということが伝わってくるのである。また中島は、ベーカーつまり毎日の仕事の場所でも同じ正装で撮影している。先で見たホテルに入ったころの少年の顔はそこにはない。

このころのホテルの厨房によっては、餞別はレシピといわれるところもあった。厨房で秘伝が口伝えに教えられることはない。鍋底に残ったソースを指でなめることも、塩を入れられたりして防がれたという時代だ。しかし、戦地へいく部下たちのみは特別だったようだ。ホテルによっては「『おまえはどうせ戦争で死ぬんだから、秘密は漏れない』などと言いながらも、教え方には『生きて帰ってこいよ。また一緒にやろう』という真心がこもっていて」という厨房もあったようだ（二二七）。

ホテルによっては出征兵士の送別会に出された料理は、生まれた川に戻ってくるように鮭が出されたりしたという。ただ一方で、ホテルの厨房にも食材が不足するようになる。新大阪ホテルでも「イルカのごときは、どこから手をつけていいかわからぬしろもので、臭気は強く、これを抜くために様々手数をかけて食べられるように作り上げ食卓に供し」(一一八)たという。

また戦局が激しく、食料統制が厳しくなるなかで、神戸のオリエンタルホテルでは、牛肉の配給日には馴染みのお客さんだけに案内状をおくったようだ。(一一九)料理長は、魚介類の品数が少なくなった魚河岸に行っても、「フカ・ハモ」を入れることぐらいしかできなかったという。結局は、このフカとハモでクネールを作り、パネ・アングレーズやトマトソースを毎日つくった。肉の入荷もなく、スープは鶏からブイヨンをとるスープペイザンヌが多くなる。こうした状況でさえもホテルの厨房では創意工夫を凝らしていたようだ。

宮さまと甲子園ホテル

ホテルが最初に迎えた宮さまは、神戸港から新婚旅行へ向かう前夜の高松宮殿下であった。ホテル開業の昭和五年四月十五日からまもない四月二十三日のことだった。そこから十三年たった昭和十八年、同じ四月に、高松宮は戦局が深まるなかで甲子園ホテルに旅装を解いた。四月六日、伊勢神宮に参拝され、甲子園ホテルに着いている。日記に「電車ニテ大阪へ、自動車ニテ甲子園ホテルへ。発明協会支部ノ人々ト会食ノツモリノ処、知事ヨリ警戒警報ニテ集会禁止中ナレバ招待ヲ拝辞シタシトトノコトニテ」(一二〇)とされている。

四月七日は「〇七三五ホテル発。〇八三〇川崎一三〇号艦進水式。アト川西機械」(一二一)と書かれている。ホテルから航空母艦「大鳳」の進水式や、川西機械製作所などを訪れている。

四月八日は「〇八〇〇ホテル発、千代田光学精工ト三菱電機大阪製作所ヲ見ル。馬場技師モアリ、陸軍航空機銃用電探」(一三二)とされている。

甲子園ホテルに二泊滞在するも、その日程は、かつての滞在とは比べようのないものだ。ハネムーンで訪れた思い出の甲子園ホテルを、再び訪れたのはどのような想いだったのだろうか。

最後の結婚披露宴

この年の十月二十七日、一組の結婚披露宴が行われている。新郎は学徒出陣のために九月に大学を繰上げ卒業し、東京から実家がある夙川（西宮市）へ戻り、出征を前にして急がれた結婚であった。(一三三)卒業して翌月にお見合い、そして同じ月にこの日を迎えることになる。新婦は、大阪市内にある女学校を卒業したばかりであった。多くの若者は、こうして短い新婚生活だけで戦地へ向かっていかなければならなかった。新郎は陸軍としてソ満国境の綏芬河《スイフンガ》に入隊していく。こうした戦局が激しくなるなかで、両家の精一杯の愛情がそそがれた宴であったことだろう。またホテルも、戦地に向かおうとする若い新郎と、新婦を精一杯もてなしたのだろう。甲子園ホテルで開かれてきた結婚披露宴も、こうして終焉に近づいてきたようだ。この結婚披露宴は最後に近い宴だったのだろう。

新料理長

GHQ接収

昭和二十年八月、敗戦の日を迎える。甲子園ホテルも、昭和十九年、川西航空機の施設に転用され、すぐに大阪海軍病院として海軍省に接収されていた（一三四）。しかし、空襲の激しかったホテル周辺に対して病院として使われていた甲子園ホテルは焼け残った。アメリカ人にとってアメリカの生んだ巨匠フランク・ロイド・ライトの面影を残す建築に、焼夷弾を向けることができなかったのだろうか。

昭和二十年、十月七日、甲子園ホテルは、GHQに接収される。アメリカ進駐軍の将校宿舎とクラブとされた。また厨房も動き出した。米軍の食糧係の軍曹はミスター・モーイという中国系二世が就いたとされている（一三五）。毎朝、神戸から食糧が運ばれたようだ。そして接収された甲子園ホテルの料理長についたのは木村健蔵だった。先にも書いたが木村は、名人や名匠と称された内海藤太郎の愛弟子である。木村もまた名人といわれた料理人だ。内海には、甲子園ホテルを生み育てた林愛作と不思議な関係があった。

林愛作は、自分が育んだ帝国ホテルを辞したが、内海もまた林愛作と関係がうまくいかずに帝国ホテルを去ったといわれている。林愛作が鳴り物入りで帝国ホテルの支配人に迎えられたとき、その料理長はこの内海だったのである。

内海は林よりも二、三年先に就任していたようだ。フランス人ジロンから料理長の座をひきついでいた。林もまたスイス人ハンス・モーゼル支配人の後任となり、ここで帝国ホテルに日本人の支配人と料理長がそろった。

林について、内海の愛弟子の田中によると「色は白く美髯を蓄え、いつも羽織袴といういでたちの好男子で、英語はホテル館内で随一と言われていた」、「当時はまだ海外崇拝の風習が抜けず、中には無理難題をふっかける外人も少なくなかった。林氏はそういう外人に対しては、断固として退けをとらなかったということで、相当の腹の持ち主であった（一二六）」ようだ。しかし、前でも書いたが、料理については「味醂醤油漬のビーフステーキ」や「鯨のステーキ」を料理長に要求したようだが「内海シェフは断固として従わない」ということがあったようだ。

「林氏も内海シェフも気性の烈しい方ですべてに融和の線が見出せな（一二七）」かったようだ。こうして気の合わない二人のようであったが、内海は帝国ホテルを辞した。そのとき、内海は旧大阪ホテル、神戸のオリエンタルホテル、トーアホテルと三ヶ所から招聘されたようだ。いずれも神戸・大阪のホテルであった。有名シェフだけに東京にはとどまりにくかったのだろうか。しかし、この時代、横浜東京と、神戸大阪とは頻繁にシェフの移動がされている。それはホテル間だけでなく、特に神戸の太陽軒や本庄グリルなど街の西洋料理店までにも及んでいた。結局、大正四年、内海は大阪ホテルの料理長に就任する。内海門下の田中ら愛弟子たちも内海について大阪へ来る。後に甲子園ホテルの料理長となる木村健蔵もまたこの大阪ホテルで内海の下で学んだのだ。内海は、その後昭和二年に開業する横浜のホテル・ニューグランドに日本人料理長として迎えられる。ニューグランドには、スイスからサリー・ワイルが料理長として招かれていた。木村も内海について行った。ところが、昭和四年、内海はまた神戸オリエンタルホテルの料理長に招かれる。もちろん内海は木村も連れて行き、しばらくして料理長を木村へバトンタッチした。

その木村が、終戦をむかえ、ＧＨＱに接収され米軍将校宿舎となっていた甲子園ホテルの料理長に就いている。内海に私淑した木村が、内海と意見があわなかった林愛作が生んだホテルの料理長になった。林は不運にも、甲子園ホテルを去っていた。なぜ場所的にも近い神戸のオリエンタルホテルから木村は迎えられたのだろうか。

林愛作と内海藤太郎

木村の愛弟子・西村修一は自著で終戦後の甲子園ホテル支配人であった内海藤兵衛（池田藤兵衛）は、名匠内海藤太郎先生の弟と書いている（一三八）。もし兄弟であれば兄の愛弟子・木村の就任も考えられるのである。しかし、林の甲子園ホテルに内海の弟がいたとすれば奇遇である。いつから弟の内海藤兵衛が在籍していたか定かでないが、昭和十年代の甲子園ホテルの集合写真には必ず内海は最前列に写っている。前列は支配人や幹部が並んでいるゆえ内海もおそらく部長級以上のポストについていたのだろう。林愛作がいた時期と重なっているかは定かではない。

林愛作と内海藤太郎という日本ホテル界の創成期を代表する二人が、甲子園ホテルに関係していたことになる。そして木村健蔵の料理長就任は、接収というホテルにとって不運な時代とはいえ、林と内海という帝国ホテル時代からの二人がもう一度、協力してホテルをもりたてているように思えてくる。

ただ林愛作は、帝国ホテル時代には内海藤太郎を手離したが、対立したままではなかったようだ。林は、辞した内海をもう一度、呼び戻そうと動いた。内海の技術力だけでなく、大厨房をまとめる人格、統率力、経済観念が、林の帝国ホテルには必要だったようだ。

そこには、今度は林愛作の弟が関わっていた。「さしも剛愎な頭を下げることを知らぬ林支配人もついに兜をぬがざるを得なかった。令弟、林英策副支配人をして、内海シェフとの交渉に当たらせたのであった」（一三九）。

交渉は宝塚温泉で行われたという。内海も即座に返事はしなかったようであるが、ところがその年の火災事件などによって林愛作が辞任に追いやられたことで、また内海の帝国ホテル復帰もなくなったようだ。そうすると大正十一年のことだろう。しかし、交渉にあたった弟の英策は、内海の愛弟子・田中徳三郎とは帝国ホテル経営の東京會館をともに支え、昭和四年には林の推薦によって田中は帝国ホテルからフランスに留学している。そして田中ともう一人の愛弟子の木村健蔵が、あの宝塚での交渉から二十三年たって、林愛作は去ったとはいえ、その林の生んだ甲子園ホテルへの木村健蔵の料理長就任であった。木村は、東京台東区生まれだが、「仕事はおそろしく厳しかったが、当時の料理長に特徴的であった、やたらにどなりちらすカンシャク持ちではなかったようである」（一四〇）と弟子の回想もある。

木村健蔵については、また横浜のホテル・ニューグランドのサリー・ワイルの門下生として紹介されることも少なくない（一四一）。ワイルは、日本政府から文化的業績に対して勲五等瑞宝章がお

接収時代のコックたち（山本啓次郎氏所蔵）

接収時代、社員寮にて。前列左から二人目が当時の料理長・木村健蔵、
その右は多田大太郎、後列右端山本啓次郎（山本氏所蔵）

くられている料理長だ。ホテルが定めた定食（コース料理）のみの時代に、アラカルトを始めたことで知られる。そのころは、コースの一品のみ注文してもコース全体の料金をとられていた。またドリアを生み出したことも知られる。

木村が内海とともに就任したニューグランドの厨房にはワイルがいた。木村はその料理も見ていたのだろう。ホテル料理人の人脈には、東の帝国ホテル系とニューグランド系、西に神戸のオリエンタル系といわれるが、甲子園ホテルはそのいずれの人材もが集った厨房であったのである。木村は、甲子園ホテルの後に務めたホテルでは、職場に内海藤太郎の写真を飾り、ぜんざいを供えていたという（一四二）。生涯内海を師と慕った愛弟子であった。

接収時代の厨房

とはいえ木村が料理していたのは米軍将校であり、本格的フランス料理の腕がふるえたのかはわからない。接収時代、フランス料理人にとっては不遇の時代であった。新大阪ホテルのフランス留学組も苦心していた。

「新大阪ホテルの料理スタッフは、帝国ホテルからきた腕ききのベテラン揃いである。彼らは、軍提供のかん詰類をうまく料理し、新鮮なものと変わらない味つけにして食卓へ出した。アメリカ軍は二、三人の軍専属のコックを連れてきていた。（略）トラブルが持ち上がった。（略）ホテルの料理スタッフの作るメニューが素晴らしいので、アメリカ軍の高級将校が激賞したところ、『敗戦国の料理人を大事にするのが気に食わぬ』というわけであった。結局、米軍属の料理人たちは新大阪ホテルの料理スタッフのようにフレッシュな味が出し切れず、ついに追い返されてしまった。新大阪ホテルでは、戦いには負けても、料理では完全に勝ったのである」（一四三）。

昭和二十三年に接収されていた甲子園ホテルに入社し製菓部を担当した山之内昭夫が、西日本ホテル料理長会の特別講演で語った回想によると（一四四）、「五十キロ入りぐらいの段ボール箱に、ヘレ、ロース、サーロイン等がブロックのまま冷凍保存のままトラックで運ばれてきて、料理場総掛かりで冷蔵庫に搬入するなど、それまでの生活では想像もつかない状況でございました」、「甲子園ホテルの料理場には木村健蔵料理長以下十五人程の料理人が働いておりました」「木村料理長は、物静かな方でございまして料理人特有の口数の少ない方でした」と話している。

また甲子園ホテルの料理人のなかには、米軍軍曹と対立してホテルを辞していくものもあった。戦前、甲子園ホテルの最年少のコックであったという西村修一も、その一人である（一四五）。西村は、一度、戦前の昭和十七年に甲子園ホテルを去っていた。その後に移った先にいた料理長が木村健蔵であった。つまり神戸のオリエンタルホテルで西村は木村の門をくぐっていた。そして出征からもどり、また偶然にも、古巣の甲子園ホテルに木村が着任していたことから、再び古巣へそして木村の門をくぐっていた。

ホテル再開を夢見て徳島に集まる

昭和二十九年、戦前からの甲子園ホテルのメンバーが徳島に集まっていた。甲子園ホテルは、いまだGHQに接収されている。それをよそ目に、主要なスタッフたちは甲子園ホテルの再起を願い、瀬戸内海を渡り徳島にいた。徳島に誕生する建設会館の開業のためである。その支配人には、多田大太郎、ボーイには川端三之助、料理長には石原右三郎が就いた。彼ら三人は、ともに戦前から接収時代の甲子園ホテルを支え、宴会や料理などそれぞれのポストのリーダー格となっていた。また製菓部には、甲子園ホテルを経てはいないが、甲子園ホテルの製菓長であった林田末吉の息子の林田高明が就任した。新しく地方都市に生まれた西洋式の宴会場兼ホテルの開設に甲子園ホテルのメンバーが指揮をとる。

昭和二十九年、地元の徳島新聞(一四六)は開業前の「建設会館」について、「県下一の豪華版で徳島市富田浜側四百廿坪に工費四千万円で地下一階鉄筋三階が六月末ごろお目見得するが東京から一流のコックやボーイを集め〝徳島の交詢社〟といわれるような高級集会所にしようというわけだ。徳島のトップを切ったスマートな建物だけにガラス窓の線が美しく部屋も非常に明るい」と報じている。

この「東京から一流のコックやボーイ」とは、東京ではなく甲子園ホテルのコックやボーイであったのだ。「東京から一流」というのは、それだけ評価され、地元では期待されていたのだろう。それだけの期待に多田支配人をはじめ料理長の石原、そしてボーイの川端は応えていくこととなる。彼らもまた甲子園ホテル時代を思い出し、新たなスタート、そして他方で始め

徳島の建設会館にて、前列中央、川端三之助（川端氏所蔵）

徳島建設会館の甲子園ホテル組。後列左から三人目、石原右三郎料理長、四人目、多田大太郎支配人。前列、林田高明（林田氏所蔵）

られていた甲子園ホテルの再起を夢見ての門出だっただろう。懐かしいメンバーで、徳島での甲子園ホテルの再出発だった。大都市ではホテルが大型化するなかで、意外と地方で生まれていったこうした場所に戦前のホテル空間が引き継がれていったのかもしれない。

モダンな建築には甲子園ホテルと同じように塔が立つ。建設会館の設計は、東京帝国大学建築学科出身の富永棟太が手がけた。遠藤新の東大での後輩にあたる。富永は、徳島では「憲法記念館」も手がけ、「全国的にみても図書館としては思い切つたデザインで、城山を背景にした白い建物は一応成功している」と先の新聞に建設会館と並んで評されるなど、空襲後の徳島に近代建築を飾っていた。建設会館も「徳島のトップを切つたスマートな建物だけにガラス窓の線が美しく部屋も非常に明るい」と評された開放的な空間は、一階には吹き抜けのメインダイニング、そして設計図には五つの宿泊室がある。ホテル機能も設計されている。

歴史的な城下町に誕生した建設会館には、オープンからの徳島新聞での広告を見ると、めまぐるしい企画が打たれている。「ホテルのような落つきと喫茶店の気軽さ　コーヒー一杯から宴会まで　新大阪スタイルアイスクリーム」（七月十一日）、「ホテル開設　お見合ご婚礼は新感覚で」（十一月七日）、「当館特製のパン　ケーキは大好評」（十一月七日）、「本格的クリスマスパーティー」（十二月十二日）、「晴れの御婚礼は」（一月十二日）、「旧正元旦　本格的社交ダンスパーティー　学窓を巣立つ皆様のテーブルマナーを学ぶ会、同窓会」（一月十六日）、「集会のセンター　旧正のお休みにはぜひご家族づれで」（一月二十五日）、「摂氏十九度の喫茶室・食堂で」（一月二十九日）、「新生活運動」（二月六日）、「ホーム・ルーム開設」（二月二十日）、

「研究会に座談会にご商談に」（二月二十四日・三月三日）、「会場のふんいきがスマート」「春のピクニックには国際的本場のサンドイッチ」（三月四日）、「四国随一の定評」（三月二十九日）、「さくらは建設会館から　屋上が一番と評判」（四月二日）、「健康第一　県外からのお客さまのご案内に」（四月七日）、「スマートで明るいふんいき」（四月二十二日）、「初夏の夏の夢　大ダンスパーティー　五月五日の子供の日のピクニックには建設会館のサンドイッチを」（四月二十五日）、「好評の催し　お料理もふんいきも№1　大ダンスパーティー」（四月二十六日）、「ビール天国　屋上での談話」（五月九日）、「今がビールの一番うまい時　奥様、お嬢様には、アイスクリームを」（五月十二日）、「Ｄａｎｃｅ　Ｐａｒｔｙ　楽団マイナーシックス」（五月十七日）、「お好きなレコードを自由におかけ下さい」（五月二十六日）、「Ｄａｎｃｅ　Ｐａｒｔｙ楽団アロハスターズ」（六月二十二日）、「納涼大ダンスパーティー　屋上」（七月十日）、「集会は予算通り　親切、清潔、味覚の洗練が認められて徳島集会のセンターとして成長　気分満点のバーで」（七月十二日）、「神輿川渡御・港まつり　花火大会のご見学に　展望随一」（七月二十三日）、「納涼レコードコンサート」（八月四日）

このようにシティホテルの企画が打たれている。宿泊主体ではなく、宴会中心の建設会館にとって多彩な企画が必要とされる。そして目立つのは「およそ集会には経済的（時間と経費の点で）であることと会場のふんいきがスマートであることが非常に重んぜられるようになりつつあります　この社会の要求に心よくマッチした建設会館」または「集会は予算どおり」というう。これはどういうことだろうか。料亭に見られるような伝統的な接待や会合に対して、ホテルがそうした役割を担おうとしていっていることがわかる。男性の社交場としてだけでなく、また女性や子ども向けの企画も多く出され、地方都市でのシティホテルの魁となる。

　この建設会館は、開業の昭和二十九年から「新大阪ホテル直営」と宣伝されている。「ホテルのような落つきと喫茶店の気軽さ　コーヒー一杯から宴会まで　新大阪スタイルアイスクリーム」の「新大阪スタイル」というのも新大阪ホテルのことだろう。

いまだに甲子園ホテルは接収されていたが、新大阪ホテルは、すでに昭和二十七年に帝国ホテルやニューグランドとともに接収が解除され一般営業がスタートしていた。なぜか、甲子園ホテルの接収は極めて長引くことになる。

　徳島の建設会館は、すでに一般営業が行われていた新大阪ホテルに協力依頼を行ったのだろう。しかし、そこに新大阪ホテルの人材ではなく、戦前からの甲子園ホテルの主要スタッフが起用されたのであった。

　そこには甲子園ホテルから新大阪ホテルに赴任していた一人の存在がある。戦前から甲子園ホテルに務め、最後は会計課長となっていた大西秀一である。大西は新大阪ホテルに入社していた。建設会館の人選については、大西があたったようである。大西のなかには、単に古巣の仲間達を集めただけでなく、甲子園ホテルが接収から解除され一般営業が可能となれば、スムーズに彼らを甲子園ホテルに迎えようとの考えがあったのではないだろうか。徳島建設会館の開業の二十九年とは、二十七年に新大阪ホテルが再開し、次は、甲子園ホテルもという、ちょうどその時期であった。そして徳島の彼らもそれを夢見て待っていた。そして徳島以外にも、甲子園ホテルの再開をそれぞれの西洋料理店で待っている人々もいた。

フランク・ロイド・ライトとケーキ屋さん

甲子園ホテルの再開を待っている人々もいれば、なかには独立して店を創業する人もでてきた。甲子園ホテルのメンバーが集まった徳島建設会館が開業した二年後の、昭和三十一年、いまだに接収されていたホテルのすぐそばに、一店のケーキ屋さんがオープンする。ところがその屋号が変っていた。それは甲子園ホテルに深く関係する人物の名であった。その店名は、「ライト洋菓子店」。もちろんライトとは、帝国ホテルを設計したフランク・ロイド・ライトのことである。そのライトの高弟子であった遠藤新が甲子園ホテルの設計を行ったのだが、それは第二の帝国ホテルと呼ばれる、ライトの帝国ホテルを彷彿とさせる建築であった。ライト式とも言われていた。

そのライトの名を、洋菓子店はとった。ホテル関係者である外国人の名を洋菓子店につけた店は、神田にもできていた。「エス・ワイル」である。エス・ワイルとは、甲子園ホテルの料理長木村健蔵が、戦前に横浜のホテル・ニューグランドにいたときのスイス人料理長である。この「エス・ワイル」を開店したのも、戦前にニューグランドでワイルの指導をうけた菓子職人の大谷長吉であった。

他方でライト洋菓子店をオープンさせたのは、野球好きの甲子園ホテルの製菓長だった林田末吉だった。息子の林田高明は、徳島建設会館で菓子職人となっていたが、末吉は甲子園口の

右＝甲子園ホテル製菓長・林田末吉（林田高明氏所蔵）
上＝現在のライト洋菓子店

駅前に自分の店をもったのだ。

長崎から東京へそして大阪ベーカリーの職長や、甲子園ホテルの製菓長など様々なベーカーで指揮をとったが、初めての店を、ホテルのそばで開いた。それも甲子園ホテルにゆかりのある建築家の名前を屋号にしたのであった。ホテルでの製菓長に戻ることはなかったが、林田の店に甲子園ホテルの味が引き継がれた。

夢と消えた甲子園ホテル再開

ライト洋菓子店ができた翌年、昭和三十二年十二月十五日、ついに甲子園ホテルの接収が解除された。日本の接収ホテルのなかで極めて遅い解除となる。

戦前に日本ホテル協会がホテル料金の統制基準を定めた際、帝国ホテルや甲子園ホテルをはじめ、十一ホテルが一級とされたが、その十一ホテルの解除をみてみると、帝国ホテル・二十七年、富士屋ホテル・二十七年、都ホテル・二十七年、甲子園ホテル・三十二年、新大阪ホテル・二十七年、ホテルニューグランド・二十七年、オリエンタルホテル・二十五年焼失、日光金谷ホテル・二十七年、京都ホテル・二十七年、日光観光ホテル・二十七年、名古屋観光ホテル・三十一年と、甲子園ホテルだけが三十二年で、最後の解除となっている。

この解除が遅れた理由は定かでない。しかし、再開したほとんどのホテルは営業がスタートしていた。次は甲子園ホテルというところだ。もちろん、徳島で待機している彼らも準備万端といったところだっただろう。

ところが、営業開始とはいかなかった。昭和十九年に一般営業を終えてから、もう十三年の歳月も流れていた。他のホテルに比べてはかなり長いブランクである。しかし、この名建築でホテル再開と意気込む動きはないわけはない。ただ続々と新設されていく戦後の大型ホテルと比べれば、甲子園ホテルが誇った優雅なパブリックスペースに対し、少ない部屋数というのは、決して経済的な経営とはいえない。戦前には明らかに阪神間という場所の顔となってきたが、ただ阪神間という都市も自治体も存在していない。消失したオリエンタルホテルを経済界がバックアップした神戸のようにはいかなかったのだ。

いずれにしても、昭和三十二年十二月十五日には甲子園ホテルは接収解除となって、営業することは不可能ではなかった。そして、この年に、ホテル営業を思わせる文面がでているのだ。解除される前の三十二年六月、岸衛によって再版された『観光立国』（一四七）には、甲子園ホテル代表者が新大阪ホテル社長を務める郡司茂となっているのだ。郡司は、前でも書いたように新大阪ホテル開業に向けて、帝国ホテルから初代支配人として赴任した人物である。これを見れば、新大阪ホテルも、接収解除に向けた甲子園ホテルに少なからず関係していたのではないだろうか。しかし、ホテル営業まではいかなかったのだ。

結局、甲子園ホテルだけは、営業を再開されることなく閉鎖されてしまった。したがい、待ち望んで徳島でひかえていた徳島組の甲子園ホテル復帰は、夢と消えてしまったのだ。しかし、徳島組は、徳島で採用した若手らを育成するために、新大阪ホテルで一年程度の研修をさせている。徳島会館の支配人は、一代目多田大太郎、二代目川端三之助とともに甲子園ホテル出身であった。しかし、三代目は地元出身者となる。また二代目の料理長も、地元組となった。

彼ら後継者たちの大阪での研修もまた、新大阪ホテルにいた元甲子園ホテルの大西秀一が最後まであたったようだ。甲子園ホテルの夢はかなわなかったが、たしかに徳島に人材を育んだ。そして多田、川端、林田は、関西へ戻ったが、料理長の石原右三郎は最後まで徳島で甲子園ホテルの料理の腕をふるったのだった。

地域に開かれた甲子園会館として再出発

接収が解除された甲子園ホテルは、後に大蔵省から武庫川学院が払い下げをうけることになったのだ。同じ鳴尾村で昭和十四年、公江喜市郎校長の手で武庫川高等女学校が開校している。公江喜市郎が、この歴史的文化財を地元に残すことに尽力し、武庫川学院の上甲子園キャンパスとして再生させることとなった。公江喜市郎にとって、学院創設から共に鳴尾村で同時代を見てきたもの同士という、旧甲子園ホテルには思い入れが強かったに違いない。昭和四十年に払下げ決定し、改修を開始した。

　大規模な改修を経て昭和四十七年、甲子園会館開館記念式典を迎える。同時に西宮市美術展が開催され約一万人に及ぶ参観者を迎えたという（一四八）。

　そうして地域に開かれた学び舎として再スタートすることとなる。本来ホテルとは、パブリックな空間であり、こうして地域に開かれた空間として再開されることはホテル本来の姿ともいえよう。幸せな第二の人生といえるのではないだろうか。

　その後、地域社会の生涯教育の場として「武庫川女子大学公開講座」を開講し、昭和六十二年からは、「人間関係公開講座母親大学」、それらを引継ぎ平成二年に「武庫川女子大学オープンカレッジ」が開設された。二年には、年間六七八名の受講者であったが、十一年には年間二八二二名となっている。

　さらにホテルの心臓部であり、設計者が誇った陽のあたる南向き厨房は、集団給食実習や家政学部の調理実習室となった。著名な料理人が指揮し、多くの料理人が巣立った厨房が、女子学生で華やいだ。建築がもつ本来の機能が活かされた。また学生もかつての有名ホテルの厨房で料理できたのだ。幸せを運ぶ料理がつくられたことだろう。

　また校舎に設置された生活美学研究所では、生活美学研究の拠点としてだけでなく阪神間サミットや阪神間ルネッサンスなど、阪神間モダニズムを発信する秋季シンポジュームの開催を続け、かつてホテルが担っていた阪神間のサロンとしての役割を担うこととなっていった。開設にともない就任した研究員の角野幸博（生活環境学科教授を兼任）らは、甲子園ホテルの研究をスタートさせ、研究に添ったイベントも開催してきた。地域に開かれた場として、ホテル空間が引き継がれることになったのだ。

甲子園ホテルを巣立った人たちと同窓会・甲子会

一方、甲子園ホテルの再スタートはかなわなかったが、甲子園ホテルのホテルマンや料理人たちは、その後、各地のホテルで活躍する。その一人、戦前から勤めてきた川端三之助も、徳島建設会館の支配人になると、後進を育て大阪へと戻ってきた。そしてもう一つの西の帝国ホテルともいえる新大阪ホテルへ入り、新大阪ホテルを引き継いだロイヤルホテルの副支配人へと関西のホテル界を支えてきた。新大阪ホテルは、大西秀一をはじめ数人の甲子園ホテル出身者の活躍の場となっていった。

ホテル界で活躍するものもあれば、ライト洋菓子店の林田末吉のように街に店を独立していく人々もいた。甲子園ホテルで林田末吉の弟子であった中島喜志雄も、武庫川の向こう尼崎で「洋食なかじま」を創業している。

中島はホテル時代、パンや洋菓子、ケーキを担当するベーカーであった。しかし、横目で毎日フランス料理を身近に触れていた中島にとって、洋食も無理なく始めることができたのだろう。そして息子の照喜が、甲子園ホテル出身で、大阪のホテルで料理長を務める厨房に弟子入りし、やがて「洋食なかじま」の厨房に戻る。

また師匠の林田末吉のライト洋菓子店にも、徳島で甲子園ホテル出身者のもとでの修業を終えて林田高明が帰ってきた。ホテル出身者は、それぞれの子弟をも育んでいく。なにか家庭的なつながりを持っていった。ホテルを生んだ林愛作が目指したAN IDEAL FAMILY HOTEL KOSHIEN HOTEL、真の家庭的なホテルは、結果的にこうしてホテルがなくなった後にも引き継がれていった。

さらにホテル出身者の同窓会となる甲子会が結成され、頻繁に開かれた。兄弟で甲子園ホテルに務めた川端三之助は、その会の継続に努めてきた。その川端らが中心となって甲子会は、会を重ねていった。甲子会は、かつてのホテルをイメージして、打出の小槌のマークが入ったペナントをあつらえた。同窓会には、いつもこのペナントが金屏風の位置に掲げられた。

昭和十一年に入社した川端三之助（川端氏所蔵）

鳴尾村から名料理長の道へ

鳴尾村の食堂に生まれ、少年時代、鳴尾に出現した外国人のゴルフ倶楽部でキャディを務め、そこのクラブハウスの料

名コックとして活躍する西村修一

理長にごちそうされたバタートーストがきっかけで甲子園ホテルの厨房へ飛び込んだ少年がいた。
　彼の「回想記」[一四九]によれば父親の友人で鳴尾村の井上庄太郎が甲子園ホテルの庭園師を務めていた。その井上がこの少年をホテルの厨房に勧めたのだった。そこで鹿中英助に、次いで木村健蔵にと時代の名料理長に学んでいく。それが西村修一の修業時代である。
　西村は、鳴尾小学校を卒業して、昭和十一年に甲子園ホテルの調理部に入っているが、四年後にオリエンタルホテルへ入社している。西村は「先輩達も招集や徴用と駆り出され、次第に戦争も激しくなり人手不足のセクションに廻され経験しているうちに先輩がどんどん少なくなり、他のホテルで勉強したくなり」と書いている。そのときにオリエンタルホテルに西村を紹介したのが、かつて少年西村にバタートーストをご馳走した鳴尾ゴルフ倶楽部の料理長・下田勇次郎であったと「回想記」に記している。
　そこで木村料理長と出会い、偶然にも再び木村と一緒に甲子園ホテルの厨房で腕をふるう。鳴尾から巣立ちまた鳴尾に戻ってきた。

そして、木村が甲子園ホテルの次に総料理長の座についた大阪コクサイホテル（昭和二十六年開業時は、財団法人大阪国際見本市会館ホテル）において、その総料理長を、西村修一は昭和四十年に引き継いだ。モントリオール万国博の日本館食堂を任され、五十四年には（社）大阪司厨士協会理事長に就任する。五十九年には、（社）全国司厨士協会関西地方本部長に就任、六十年にはユニバーシアード神戸大会の選手村の総料理長、六十一年、86ＥＸＰＯＧＥＳＴ第五回ガストロミー世界料理コンクール日本チーム団長、六十三年、第十七回世界料理オリンピック（フランクフルト）団長として出場、日本がゴールドメダル。「現代の名工」労働大臣表彰、「浪速の名工」大阪市長表彰、平成二年、ルクセンブルグ「世界料理コンテスト」の日本代表団長、平成七年、勲五等瑞宝章と、日本のフランス料理界のリーダーとして貢献してきた。

鳴尾村で生まれ、鳴尾に生まれたホテルから、西村修一は日本を代表する料理長へと巣立っていった。

日本ホテル史に刻まれる甲子園ホテルと西宮

西村修一は、『日本のホテル小史』にも登場する。「業界のリーダーとして活躍する多くの名コック（一五〇）」の一人として紹介されている。この『小史』は、昭和五十六年に発行された日本のホテルについての通史である。

このなかで甲子園ホテルについて、一節がもうけられている。そして「このような例は日本全国どこにもみられない」とも書かれた（一五一）。「どこにもみられない」とは、この地域のことでもある。この節のタイトルは、「パイン・クレストと甲子園ホテル」となっている。パイン・クレストとは、甲子園ホテルと同じ西宮市内の夙川に大正末に建てられたホテルである（甲子園ホテルのあった鳴尾村は戦後、西宮市に合併）。

『日本のホテル小史』は、「エキゾチックな貿易都市、神戸のベッドタウンである西宮は、東の鎌倉、お隣の芦屋とともに日本有数の高級住宅地として名高い。その西宮に大正末から昭和にかけてすばらしいリゾート・ホテルが二つ誕生した。それも神戸山の手の異人街を彷彿させるような住宅地の真ん中にである。開国以来、横浜と並んで青い目をした欧米人が多く住み着いていた土地柄のせいであろうか。それにしても住宅地しかない閑静な西宮に二軒ものホテルが出現したとは、いま考えても驚きである。このような例は日本全国どこにもみられない。西宮は外国人やハイカラ好みの日本人にとってよほど魅力のある土地であったにちがいない（一五二）」と書いている。

またホテル・パイン・クレストは、「阪神間に在住する西洋人の住居として、また商用で来日した欧米人の宿舎としても使われていた（一五三）」とされている。甲子園ホテルとほぼ同時代に活躍したホテルであったが、パイン・クレストでは、フランス料理の教室が頻繁に行われていた。料理長は、井上幸作であり、井上も戦後、関西の料理界のリーダーの一人として活躍する。

二つのホテルは、戦後も同じような運命をたどった。パイン・クレストは、女性将校の宿舎になったようだ。そして昭和三十八年に太陽神戸銀行の独身寮、四十五年から社員の研修所となった。『小史』でも「それにしてもこの二軒のホテル、太陽神戸銀行と武庫川学院のおかげ

で旧来の姿がそのまま保存されていることはうれしいかぎりである」と結ばれている。(一五四)
この小史には、このように甲子園ホテルとともに西宮という街も特記されているのである。著者である村岡實は、この本が出版されたときには第一ホテル取締役であるが、あとがきにおいたちが記されている。「少年時代を神戸と西宮で過ごした。太平洋戦争が始まる以前の神戸は、モダンでハイカラな町であった。小学校のころ、両親に連れられて行ったオリエンタル・ホテル、トーア・ホテル、甲子園ホテルなどの異国情緒豊かな夢のような雰囲気が、今も私の脳裏に焼きついて離れない。そうした少年時代の影響もあってか、いつの間にか著者自身がホテル業界に身を置くことになってしまった」(一五五)としている。著者は、昭和四年生まれで、翌年に甲子園ホテルが開業している。最も華やかなころの甲子園ホテルに接したことになる。ホテル界で活躍した著者もまた甲子園ホテルの空気を感じてきた一人であろう。そして日本のホテル史に甲子園ホテルを刻みこんだのである。

業界のリーダーへ

甲子園ホテルからは、川端三之助や西村修一のように戦後ホテル界で活躍した人が目立つ。様々なホテルの料理長となっていく。また西村修一は大阪コクサイホテル総料理長引退後も全日本司厨士協会総本部副会長を務め業界のリーダーとなっている。西村と同じ戦前に甲子園ホテルに入った井田博有(キャッスル・ホテル)も昭和五十六年には、『日本のホテル小史』で「業界のリーダーとして活躍する名コック」として紹介されている。この『小史』には、戦後組の待本惣吉（リバーサイド・ホテル）と木下亀一（箕面観光ホテル）も西村、井田と並んで業界のリーダーとして活躍する名コックとしてあげられている。

出身者でホテルの料理長となったのは大和利彰（東洋ホテル）、藤田一也（山口グランドホテル）、西村時男（ホテルニューオカヤマ）らもいる。

さらに木村料理長時代、甲子園ホテルで初めて料理の道に入った山本啓次郎も、九州の玄関口に、福岡初の本格シティホテルとして昭和四十四年に誕生した西鉄グランドホテルの開業を担い、その後二代目料理長となる。山本もまたホテルの料理長が集う西日本ホテル料理長会の会長を長く務め業界のリーダーとなっていった。

一方、ベーカー出身では、戦前組の正木武二は、戦後エーワンベーカリーの職長となり、業界団体役員を務め『日本洋菓子史』にも記されている。戦後組では昭和二十三年、卒業と同時に入社した山之内昭夫は、のちに接収解除によって再開業する新大阪ホテル（現・ロイヤルホテル）にパテシィエで採用され、野球部の主将などを経てロイヤルホテル労組組合長を二十四年間務め、全国ホテルレストラン労組協議会議長にもなった。京都グランドホテル監査役に十年間就いたが、リーダーとして業界に尽くしたホテルマンである。

また山本、山之内と同じように、甲子園ホテルで初めてホテルの道に入った西口宗保は、のちに帝国ホテル（昭和三十三〜三十八年）や他所でも修業を積んだ。フランス最高権威者協会アカデミックより金メダル、ヨーロッパ商工経済会議所料理特別功労金賞受賞、ベルギー・スペイン両王国公認五等十字王冠功労勲章受賞など、ヨーロッパ各国で多数の賞をうけた。かつて帝国ホテル出身者が甲子園ホテルに来た。西口は甲子園ホテルから巣立った。帝国ホテル名物であるシャリアピンステーキを考案した当時の帝国ホテルのニューグリルの筒井福夫料理長は西口の義父にあたる。シャリアピンステーキは、スキヤキからの連想もあったともいわれるが、なにか林の姿が想い浮かぶ。西口は平成二年からは、インペリアル・キッチン顧問アドバイザーとなった。

こうして多くの若者が甲子園ホテルでホテルと出会ったが、彼らを見守った木村料理長もその後は東洋ホテル料理長や業界のリーダーとして後進を育てた。戦前のベーカーを指揮した林田末吉は、自分の店をもったが大阪洋菓倶楽部会長、日本洋菓子協会大阪支部の相談役など業界の技術育成など役割を担っていった。甲子園ホテル初代料理長鹿中英助が昭和九年に編纂された『日本司厨士協同会沿革史』に登場したように、林田末吉もまた昭和三十五年に編まれた『日本洋菓子史』にプロフィールが刻まれた。

甲子園ホテルは、昭和五年から昭和二十年代までと、接収時代を含めてもわずか二十数年のホテルだった。しかも日本人が自由に泊まれることのできた一般営業は、昭和五年から十九年と、わずか十四年に過ぎない。にもかかわらず日本のホテル史に刻まれるべきものは、林式の和洋室から料理人ホテルマンに至るまで決して少なくはない。

第Ⅱ部　F・L・ライトと三色の石物語

東京山の手のお屋敷街を飾る大谷石の石垣

石が彩る風景

日本人と石

石には顔がある。石垣を積む職人はどちらの顔を正面に向けていくか石と話しながら置く。ごんたな（荒々しい）顔をいかしたり、優しい顔を向けたりして、石垣や庭に表情を作っていく。石というものは、自然や川の水による造形で、表情が作られる。そのため、人と同様にまったく同じ顔が他にないから、表情をいかした配置が求められる。そして、同じ石でも表情は、向き次第で幾通りにも変化するのだ。

名石と呼ばれる石達は、どれもが表情豊かであり、逆にいってしまえば、そうした表情を作る種類の石が、名石と呼ばれてきた。したがい、これまで名石というのは、だいたい庭石や盆石、水石などに見られるように、自然の造形による石が中心であった。

しかし、現代では、自然の造形の石が使われることがだんだんと少なくなっていく。とくに造園に使われる庭石は、めっきり活躍の場をなくしてきた。庭そのものが造られなくなったし、庭に石を置きたいと思う人も減っているからだ。

わが国では、石を建築に使うことはなかった。石が豊富にあるにもかかわらず、建築は木材であった。石は、石垣などの土木や庭で使われた。それゆえに石は人の手で加工されることなく、自然の形状のまま使われ、その表情を持ち続けてきたのだろう。というのは、石を建築に使うと、ピラミッドを構成する石のように加工されていく。直方体などしっかりと整えられた平らな面構えとなってしまうのだ。

わが国でも近代になって石が建築に使われるようになり、石は一つ一つが顔をもった時代から、直方体に加工され、同じ顔の製品が大量に作られていく時代に入る。

学生にも知られる石

知っている石の名前を聞かれたとしたら、まず名前がでてくる石は何だろうか。最近、私たちのように建築に関係する分野の大学の、学生たちに聞くとすぐに名前の出てくる石がある。栃木県で採れる大谷石だ。私は、石といえば学生の口から大谷石の名がでることに戸惑いを覚える。それは、自然の造形に価値を見出す、いわゆる名石と呼ばれるような、庭園に置かれてきた石ではないからだ。しかし、名石として歴史的な背景を持たなくとも、有名な石という意味で、現在では日本の代表的な石の一つに挙げなくてはいけないと思った。今、私たちの生活から、石はどんどん遠のいてしまっているだけに、こうした石の存在は貴重である。

ところで、なぜそれほど大谷石が有名なのだろうか。それは一人の建築家と無関係ではない。ル・コルビュジェ、ミース・ファン・デル・ローエとともに、近代建築の三大巨匠といわれるフランク・ロイド・ライトである。ライトが大正十二年に手がけた帝国ホテルは、国内に現存するライトの代表作として知られている。現在は愛知県犬山市の明治村に中央玄関のみが移築され、その姿を見ることができるのだが、この帝国ホテルに巧みに使用されたのが大谷石であった。

帝国ホテルの設計で、ライトは装飾的なディテールに力を入れた。大谷石はこの装飾部分にいかされた。この石は凝灰岩という種類の石で、火山灰が降り積もって形成されている。比較的柔らかいため、装飾的加工が容易であるという特性がある。ライトの石の使い方は、これまでの庭石のような石の表情を読み取る技法ではなく、新たに石の表情を施す技巧である。ライトの作品でこの大谷石は一躍建築界では有名となったことであろう。今では建築を学ぶ若い学生が、他の石を知らないのに、大谷石だけは知っているのはそのためだろう。ライトが行った凝灰岩を利用した建築物の装飾手法は、その後、広がっていく。旧甲子園ホテルにも北陸の凝灰岩が使われ、同様に装飾的な意匠が施された。この甲子園ホテルの設計は、ライトの弟子である遠藤新の作品であり、その手法と共通する。しかし、わが国で、この凝灰岩にスポットがあたったことは、古代の古墳の石棺づくり以来のことだったのかもしれない。その間、名石といえば、ほとんどはかたく、彫刻も難しいような強固な石が一般的だった。

東京山の手を飾る石

有名建築に使用されたこと以外に、大谷石が果たした役割は、東京の山の手の風景を作ったことだと思う。東京山の手には無数の大谷石が、お屋敷町の邸宅の門塀や石垣に積まれている。それらが作られたのは、ライトの帝国ホテルと時同じくする大正から昭和初期というモダニズムの時代である。それまで、東京には江戸城の石垣に代表されるように、石は、伊豆などから海を渡って江戸へと運ばれてきた。そして近代になっても、千葉県鋸山の房州石がやはり船で運ばれてきた。そして、いずれの石も江戸城の石垣に見られるように真っ黒な石であった。

その東京に、それまでの石とは正反対の薄緑を帯びた白っぽい石が登場したのだ。関東ローム層の赤褐色の土地の上に、黒色の石が積まれてきた東京に、新しい色が塗られていくことになる。さらに大谷石の形状は、直方体に調整されていた。また流通経路という観点からみても、それまでの海からではなく、内陸の栃木から陸路でやってきた。交通網の発展にみられる時代の変化の象徴ともいえる石なのだ。

近代の東京を支えてきた大谷石は、今や東京の石と呼べるであろう。おそらく東京の街中で、最も多く使われている石だと私は思っている。そして、石が積まれてから、はや一世紀を迎えようとするなかで、当初は顔を持たなかった凝灰岩に、風化による特有の凹凸が新たな表情として表れ、顔を作りはじめたのだ。実は、こうした石垣を良く見ると、単に石を重ねているだけでなく、直方体の石の長い側と短い側とが交互に組まれるなどして、石組みに個性が与えられていたことがわかる。石自体に表情が出てきたことで、そうした工夫がいきる形となってきたように感じる。栃木でつるつるに切り出されたときよりも、石らしいのだ。石はたとえ加工されたものであっても、時間がたてば顔ができる。東京の上にも百年である。やはり名石には時間が必要なようだ。

フランク・ロイド・ライトと帝国ホテル

赤っぽい色、青っぽい色、黄っぽい色と、やわらかい色の石がある。色によって石の印象は変わるから、当然、その用途に合わせた色の石が用いられる。

例えば、日本では庭に使う時と、建築の時では、使われる石の色がまったく違う。日本庭園にはカラフルな赤っぽい石、黄っぽい石が配されることは少なく、むしろ黒ずんで苔がついたり、錆がのったものが好まれる。形についても自然の丸みをもったものが選ばれる。

建築では逆に、やわらかい赤や青や黄色の石が好まれるのだ。形も人工的な直線で切られているものが多い。ところで、石の色はどのように選ばれるのだろうか。ここに世界の近代建築の三大巨匠の一人、フランク・ロイド・ライトと、弟子の建築家・遠藤新とが、日本において繰り広げた三色の石をめぐる物語がある。

フランク・ロイド・ライトは、大正五年（一九一六）に帝国ホテルの設計者に決まった。浮世絵の蒐集家であったライトを連れてきたのは、古美術商として活躍し、山中商会のニューヨーク支店長だった林愛作だ。アメリカの社交界にも認められた存在だった林が三十六歳で帝国ホテル支配人に抜擢され、新館の建築をライトに依頼することとなった。

ライトも林も、ともに日本と西洋双方の美意識を知る者であった。国の迎賓館の役目を果たしたとされる帝国ホテルであったから、古美術を通して西洋人が求める日本を熟知した林、また西洋人の目から見た日本の魅力を知るライトはホテルの方向性を決める責任者としては適任だった。さらに、アメリカでのライトは不遇の時期だったため、来日の話はライトにとっても好都合だった。

ライトが惚れた赤い石

そのライトが選んだ石が、大谷石という寒色系の青白い石だった。ところが、ライトが本当に使いたかった石は、赤くて暖かい色の石だったということが、日本におけるライト研究の第一人者である谷川正己氏の研究でいわれている。(一五六) 赤っぽい石とは、金沢の近郊の小松市で採れた蜂の巣石のことである。

当時の東京には、日本中の石が集まっていた。国会議事堂の建設に、どの石を選ぶかを決めるために、全国津々浦々の石のサンプルが集められていたためだ。議事堂は、国産石材にこだわった大事業であった。その標本室をライトはこっそり訪れたらしい。そこで、気に入ったのが、赤っぽい蜂の巣石だった。国会議事堂という国家プロジェクトのすぐ脇で、ライトもまた日本の石と向き合っていた。

残念なことに、ライトが惚れた赤っぽい蜂の巣石は、産出量に限りがあった。そのため帝国ホテルへの使用を断念せざるをえなくなった。そこで、産出量の心配のない青白い石・大谷石が最終的に選ばれた。この大谷石も、赤い蜂の巣石も、ともに火山灰が固まった凝灰岩であった。さらに、共通するのは、ぶつぶつと穴ぼこが空いていることなのだが、その特徴こそが、後にライトが設計した帝国ホテル・ライト館の寿命を縮めることとなってしまうのだ。『帝国ホテル百年史』(一五七) によると、ホテル側は大谷石の使用に強く反対したようだ。これまで大谷石は主に、門塀、暗渠、倉庫、土台などに用いられ、建築物そのものには使われてこなかったからだ。しかし、ライトはひきさがることなく、ホテルは大谷石の石山を買い入れることとなったのである。

青白い石の真相

ライトと大谷石との出会いのエピソードとして、林とライトとが青山をドライブしていた時に、偶然目に入った大谷石を見て、「あの石だ」とライトが言ったというのがよく引用される。(一五八)当時の東京山の手には、前に書いたように無数の大谷石が、お屋敷の門や塀や石垣へ使われていた。

ライトはしきりに建築材料に、その土地のものを使うことを意識していたという。大谷石は、栃木県が産地であるが、実際には東京の景観を代表する石として屋敷の塀や石垣などに使われていたから、ライトがその意図から選んだのかもしれない。

しかし、建築評論家の長谷川堯氏は『日本ホテル館物語』のなかで大谷石を選んだ理由を、「その頃のライトの不遇がいくらか関係していたように思う」(一五九)とする。この時期のライトといえば、作品数も少なく、恵まれない時代であった。長谷川氏は、「硬さに乏しくもろくて、小さな空洞の多い、色彩感のない石は、なぜかその頃のライトの心にピッタリの材料であったように思えるのだ」としている。

蜂の巣石を探して

ライトは大谷石を地元の石だから使ったのか、それともライトの重い心が大谷石を求めたのかはわからない。ライトが一番使いたかったという石が、谷川氏が指摘するように、「暖かみのある赤い石」だったとすれば、ライトにとって帝国ホテルのイメージは暖かみのある建築としてとらえられていたとも考えられる。

どうしても、ライトが出会った蜂の巣石を見たくなり、二月、雪のなかを金沢近郊の小松市に向かった。実は、行っても本当に蜂の巣石に出会えるかはわからなかった。案内をお願いした同市の石材関係者の方々からも取材前には、蜂の巣石の存在を知っている方がおられなかったからだ。

そんな状況ではあったものの、同市の石材店の橋本康容氏が案内をかってでてくださった。橋本氏は、同市内でも日華石という黄色の凝灰岩を切り出す石切り場を営む。この日華石こそ、ライトの愛弟子である遠藤新が、甲子園ホテルに使った石である。

そこで、きっとこの辺りにあるであろうという蜂の巣石を橋本氏の案内で探しまわった。橋本氏の石切り場からスタートしたのだが、ここでは、黄色の凝灰岩だけでなく、青色の凝灰岩も採れていた。凝灰岩は、赤、青、黄色とあるので、きっとこの近くに、目的の蜂の巣石があるのではと期待した。

隣の村に移ると、ここは日華石ではなく、滝ヶ原石というブランドの石の採れる場所であった。滝ヶ原石は同じ凝灰岩だが、白い石である。道中の集落の石垣をつぶさに見ながら赤い石を探すが見つからない。その時、案内された石造のアーチ橋に、少し赤みがかった石を見つけた。しかし、暖かみがあるとはいえない本当に薄い赤だった。もう諦めの雰囲気となっていた。

最後に、橋本氏が蜂の巣石の探索を依頼してくださっていたこの地の古老で、代々石材彫刻師でもある中谷篁氏宅に向かった。その工房の前に、四角い真っ赤な石が置かれていた。一目で蜂の巣石とわかる。石に空いた穴は本当に蜂の巣のような景色だった。中谷氏が四方八方探しまわって入手してくださっていた。

「これがライトが出会った石か」。私たちは感激した。本当に暖かみのある石である。中谷氏は穴をさし、「これが大蜂、これが小蜂」と説明してくれた。つまり、蜂の巣の穴が大きいのが大蜂、小さいのが小蜂と呼ばれるということだ。地元では、菩提石と呼ばれていたと中谷氏が話してくれた。この石はこれまで見てきたような山の石切り場からは出ず、地中の石の、それも身の芯の部分にある石という。地元でもめったに出ないそうだ。

巨匠フランク・ロイド・ライトでもあきらめた理由がよくわかる。しかし、この暖かみのある赤い石で帝国ホテルができていれば、まったく違った印象をあたえる大建築となっていただろう。想像するだけで感慨深い。

甲子園ホテルの黄色い石

西の帝国ホテルの石・日華石

甲子園ホテルは、「西の帝国ホテル」とも呼ばれた。なぜ、そう呼ばれたかは、ひとつにその建築が、フランク・ロイド・ライトが設計した帝国ホテルと建築外観が似ていたためだ。甲子園ホテル支配人となった林愛作も、帝国ホテル支配人を務めた時代があった。ライトを起用したのは林愛作でもあった。また、料理人のなかにも帝国ホテル出身者がいた。こういった諸要素が西の帝国ホテルという印象を生んだのだろう。ただ、林愛作は、ライトを抜擢したが、結局はそのせいで帝国ホテルを退くことになったといわている。ライト館の工期が予想以上に延びたことが理由であったともされている。林は、帝国ホテルを辞して八年後に、甲子園ホテルを開業させた。しかし、八年を経ても、世間では、林愛作イコール帝国ホテルという印象が残っていたのではないだろうか。西の帝国ホテルといわれたことには、建築だけでなく、少なからずこの林の影響があったであろう。

甲子園ホテルの設計に登用されたのが、ライトの愛弟子、遠藤新であった。遠藤は、帝国ホテル建設のときもライトの助手として、ライト帰国後はホテル建設の指揮をとった。その遠藤に、林は新たなホテルへの思いを託した。

周知のように、帝国ホテルの建築を飾ったのは大谷石という石だった。しかし、前にも書いたように、ライトが本当に帝国ホテルに使いたかったのは、青白い寒色系である宇都宮郊外の大谷石ではなく、赤く暖かみのある石川県の蜂の巣石（菩提石）だった。ひょっとしたら帝国ホテルも赤く染まっていたかもしれなかったのだ。

そして、ライトの弟子・遠藤が、甲子園ホテルに抜擢した石も、石川県からやってきた。しかも、蜂の巣石の採れる場所と目と鼻の先から切り出された石だ。石の色は黄色い。赤い蜂の巣石と同じように暖色だ。その名を「日華石」という。

ところで、なぜ遠藤は、黄色い石を選んだのであろうか。甲子園ホテルのデザインは、師匠ライトとの共通点が少なくない。外装を飾ったのもやはり石であった。したがって、そこへ大谷石を使うことも考えられたであろう。実際に遠藤は、ライトから引き継いだ山邑邸（現・ヨドコウ迎賓館）の仕事では、大谷石を採用している。この山邑邸は、甲子園ホテルに近い芦屋にある。それを考えると、同じ運搬路を使えば、甲子園ホテルで大谷石を使うことは容易であったはずだ。

ライトと弟子の石との出会い

しかし、偶然にも師匠ライトが使いたかった蜂の巣石の採掘場のそばから、甲子園ホテルの石は運ばれることとなった。遠藤は、どこで黄色い石を知ったのだろう。

ライトと赤い蜂の巣石の出会いは、内務省が国会議事堂の建設のために全国から国内産石材の標本が集められた部屋といわれる。しかし、この標本について報告された『本邦産建築石材』[一六〇]という本には、石川県の石として、蜂の巣石や、寒色系で緑色の水田石、白い滝ヶ原石が紹介されているが、なぜか黄色い日華石は紹介されていない。ライトも知ることができなかったのだろうか。ライトは、蜂の巣石の産出が少ないことで使用を断念したが、産出も豊かで、同じように暖色の黄色いこの日華石を見ていたら、どんな評価を下したろうか。

大正期になると東京や大阪の「ビルヂング」の内装や外装に日華石が登場する。そのとき日華石は「千歳石」という新しいブランド名でもって販路を広げていたようだ。

打出の小槌の彫刻

そして、甲子園ホテルの壁面も日華石が飾った。まるでライトの帝国ホテルを彷彿とさせるかのように、石工によって装飾が施されていった。日の光の色をした石に彫られた装飾は、石の表面に陰影を浮かびあがらせていくのであった。

蜂の巣石と大谷石の印象の違いは、単に暖色と寒色との相違だけでなく、孔の違いがあげられる。確かに、孔は表情をつくる。表面の孔の大きさから「蜂の巣石」と呼ばれ、大谷石は「虫蝕石」とも呼ばれるのだ。蜂の巣石には「巣」という生の営みをイメージさせる独特の表情が、赤い暖色と相まって暖かみを感じさせるのかもしれない。ライトが惚れた理由はどうだったのだろうか。

しかし、日華石には、同じ凝灰岩であっても、蜂の巣石や大谷石のような孔は少ない。そのため彫刻の細かい細工が際立つという特徴がある。甲子園ホテルでは、無数の「打出の小槌」が外壁や室内の至るところに刻まれ、また滴のような玉が随所に連なり、したたり、市松模様の彫刻が、明るい日華石に施され、光を受けて浮きあがる。この打出の小槌は、ホテルのシンボルマークであり、食器の大皿から銀のカトラリー、ホテルマンの野球チームのユニフォームにまで使われた。なかでも石に細かく刻まれた小槌の模様は、肌理の細かい日華石だからこそ、美しく見えているともいえよう。

同時代、東京や大阪でこの黄色い石がビルヂングに、そして洋館に定着していく。特に大阪では、大正から昭和初期にかけての建築には黄色い石が目立つ。ライトから遠藤に受け継がれた凝灰岩の石の色物語は、赤色から青白い色に変わり、最後に黄色に落ち着いたようだ。

特に神戸・大阪では、この日華石と同じ色をした兵庫県産の龍山石が急増していく。実は、私は甲子園ホテルの石を、兵庫県内で産出される龍山石と間違えていた。以前、著作『石の街並みと地域デザイン』（一六二）のなかでも、甲子園ホテルは龍山石だと書いてしまった。ミスだ。確かに、戦後の改修時には、日華石に似ている龍山石が使われ、部分的にはまっている。しかし、当初の石は日華石だったようだ。

いずれにしても、当時の建築においては、赤でも青でもない黄色が流行していったのだ。それが石川県の日華石が頑張ったためなのか、兵庫県の龍山石のお陰なのかどうかはわからない。

実は、この龍山石もまた三色あるのだ。地元では、赤龍、青龍、黄龍と呼ばれている。そして、赤の蜂の巣石が珍しいのと同じように、赤龍の産出は極めて少なく貴重なのだ。神戸では、その三色を意図的に組み合わせて使うことがある。この赤と青と黄を用いたトリコロール（三色旗）のような石の使い方は、戦前の外国人居住地で使われており、これはわが国の伝統的な発想ではないように思える。

時代が新たな石の使い方を生み出す

帝国ホテルのライト館は、大谷石の劣化が建物取壊しの一因ともなったといわれている。一方、甲子園ホテルは、戦前にホテルとしての幕を下ろしたが、建物は、今も私の勤める武庫川女子大学の校舎として現役である。私の研究室もここにある。帝国ホテルのように傷みに耐えられずに解体されることはなかった。それは遠藤新が、日華石を使ったことと無関係ではないだろう。彼は、このことを予期していたかもしれない。

凝灰岩は、火山灰が降り積もり、堆積して凝固した石である。火山国・日本を象徴する石のひとつでありながら、わが国の伝統的な石の使い方である庭石にはあまり使われてこなかった。それが近代に入って西洋館の建築材として脚光をあびることとなる。しかし、近年、私たちは新しい石の使い方の模索をしなくなってきたように思う。次の時代には、どんな石がどういったことに使われるのだろうか。それは日本のなかからではなく、西洋館やビルヂングのように外からやってくるのかもしれない。

土地の石に帰る

石は土地そのものである。私たちの地面も、近くの山の石が砕け細かくなってできている。ライトは、土地の材料を使うことも意識していたという。弟子の遠藤もまた、甲子園ホテルの仕事からしばらくして向かった満州で、大陸の土を意識して煉瓦を多用した。彼らは場所と向き合った。帝国ホテルでは、東京に無数に使われていた大谷石を使った。採石されるのは栃木であったが、ライトにとっては東京の石、日本の石だったのかもしれない。

甲子園ホテルでも遠藤は、最初は地元の石ではなく、北陸の石を使った。ところが、不思議なことに、今の甲子園ホテルでは、よく見ると兵庫県西部の石が入っている。それも北陸の石と、同じ色と種類のものだ。つまり黄色い凝灰岩質の石ということだ。もともと使われていた日華石と近い色と材質の石が選ばれた。前にも述べた龍山石である。

そもそも、なぜこの石が入ってきたのだろうか。おそらくであるが、この旧甲子園ホテルの改修のときだと思う。旧甲子園ホテルは、昭和三十二年のGHQの接収解除の後、武庫川女子大が払い下げをうけた。そのときに大規模な改修工事が行われている。

そこで白羽の矢が立ったのは、オリジナルの日華石と似ていて、かつ同じ兵庫県内で流通していた龍山石だったのだろう。それは地元でも見慣れた石であった。それだからなのか、甲子園ホテルの石について様々な文献で龍山石であると登場している。

それもまた自然なことだったのかもしれない。もしかして改修のたびに石が入れかわり、いつしか同じ県内の龍山石の建築として再生されていたのかもしれない。そこまで建築家が考えていたらどうだろう。そんな想像をするのも楽しいのである。しかし、後世に残していく宿命の建築とは、これからはそこまで構想しておかなければならないかもしれない。

しかし、ライトも遠藤も地元の材料ということを強く意識していた建築家だったのは確かなのである。また甲子園ホテルには、先の大規模な改修のときに、黄色い龍山石（黄龍）だけでなく、もうひとつの石が登場してきたのであった。

大谷石である。玄関の両側には、大谷石が並んでいる。これにはまた改修を担った建設会社が考えたのであろう。フランク・ロイド・ライトの影響のある建物として保全されることになる建築に、そのライトが好んだ石を添えてあげようと思ったのだろう。ライトは、この弟子が設計した建物が、ホテルとして使われなくなった今でも影響を与え続けているのである。ライトから遠藤へと、バトンタッチされてきた三色の石の旅、赤い蜂の巣石から、白い大谷石、そして甲子園ホテルでたどり着いた黄色い日華石。しかし、再び白い大谷石が引き寄せられたのだ。人物の物語が、また石を引き寄せるのである。

この土地の石、六甲花崗岩（御影石）

最後に、その土地の石を意識したライトの石物語を結ぶのに、本当のこの土地の石を紹介しておこう。では、その土地の石とは何か。一つは、そこに転がっている石であろう。または、その地面をつくることになった背後の山の石である。山の石が砕け細かくなり、川や雨水に運ばれ地面はできる。この鳴尾村（現・西宮市）は、まさに六甲山の石が、砂となり武庫川で運ばれて誕生した土地だ。また前にも書いたように、甲子園一帯とは、この武庫川から枝分かれした枝川を埋立て生まれた土地だった。したがい、地中には無数の川石が眠っている。

六甲山とは、もとは「ムコウヤマ」であり、もともと六甲も武庫も同じ読みともいわれる。大阪から見て「向こう」という語源ともいわれたりもする。鳴尾村も武庫郡の鳴尾村であった。

その六甲山の石とは、有名な御影石でもある。御影石は、六甲花崗岩の通称であり、この山の麓にある御影（現在は神戸市内）という地名がつけられた。石の色は、桜御影といわれるようにピンク色だ。実際には、主に三種類の粒からできている。桜色の長石、白い石英、黒い雲母だ。この花崗岩についている学名はグラネイト、グラニュー糖はこのグラネイトからきているという。つまり花崗岩は、三色のグラニュー糖の粒でできているようなものだ。

ところが、そのピンク色の石も、砂になると「白い砂」と呼ばれる。この六甲山麓の阪神間を好んで作品にした谷崎潤一郎が、何度もこの「白い砂」について書いている。もちろんピンクのことは書かれない。私は、この消えてしまうピンクの粒を、小学校の授業では冗談で、桜の花の色にかわるんですよ、といっている。実際には、水に溶けて地中の粘土になっていくようだ。

いずれにしてもこのピンクの石こそ、この土地の石である。六甲花崗岩（御影石）、そして目の前の川を流れる石も、武庫川石といわれ、かつては使われていた。当然、この地には、東京の山の手の石垣や塀に無数の大谷石が積まれているように、この御影石や武庫川石がいたるところに積まれ、地域固有の風景をつくっている。神戸・芦屋・西宮といったいわゆる阪神間の山の手は、まるで山間部の畑を耕すと顔をだす邪魔ものの石でもって段々畑の石垣が積まれていったように、造成すると嫌でもでてくる石を、お屋敷の石垣に使っていった。東京と阪神間の山手の住宅地景観を比較すれば、「東京の大谷石、阪神間の御影石」と一目瞭然である。当時の新聞には、甲子園ホテルに使う石を花崗岩と書いているものもある。

ライトは、大谷石を帝国ホテルに抜擢した。しかし、甲子園ホテルに御影石、とはいかなかった。当然のことである。マグマが冷えて固まった花崗岩は、火山灰が凝固した凝灰岩のように安易に彫刻できるものでない。当然、北陸から加工しやすい日華石が運ばれ、甲子園ホテルの表面を飾ったのであった。

ところが、その装飾的な外装に対して、この土地の材料が無視されたわけではなかった。六甲山の花崗岩は、小さい砂利となってこのホテル建築の表皮ではなく、身となったのだ。建築の雑誌である『新建築』は、ホテル開業の昭和五年に、「甲子園ホテル号」を発行した（一六二）。記者は、川を埋めることで、生まれたこの辺りの土地に建った甲子園ホテルについて、「武庫川の廃川を前に、舊堤防の松林に囲まれて茶褐色の船のような建築」として、また「廃川中の河砂及砂利は其の儘建築に使用する事が出来たと云ふのだから亦すばらしく都合の好い所に建築し得たわけである」と評している。また記者は、この地を「北に山、南に海、松青く、砂白く」と、やはり「白い砂」に目がいっている。

石という形ではなかったがこの土地の風土もまた、少し小さく細かくなって建築の皮でなく身となった。いずれにしても、この土地の風土が建築に反映された。そしてその仲間の白い砂は、建築を際立たせる背景の地面となってホテルの風景をつくっていったのだ。

ライトの帰国後に帝国ホテルが関わった上高地帝国ホテル、そして川奈ホテルの建築には、全面的に石が用いられることはなかったが、玄関等ところどころが石で飾られた。その石は地元の地場石材であった。上高地では「石は霞沢岳、渓沢から流失した火山岩および花崗岩を採取し、粗野に貼り立てた」、また川奈では「伊豆石」が随所に使われたことが『帝国ホテル百年史』（一六三）に書かれている。いずれの建築の設計もライトの次に帝国ホテルが登用した建築家・高橋貞太郎によるものだ。

また同時代、雲仙観光ホテルにしても玄関に地元の火山岩が多用されている。火山灰による大谷石や日華石といった凝灰岩、そして火山岩で、火山国日本のホテルは飾られている。

第Ⅲ部　甲子園ホテルに泊まる旅

帝国ホテルで使われているグラス（左）と甲子園ホテルのグラス。
よく似た市松模様が施されている

この一年（二〇〇八年）、甲子園ホテルを知るために、かつて甲子園ホテルとともに同時代を生きたホテルに泊まり、メインダイニングを経験する。その空間のなかで、甲子園ホテルの当時の様子を考えてみたいと考えた。甲子園ホテルがなくなった今、甲子園ホテルを味わう方法はそれしかない。その旅は、マニラから出発することにした。

マニラ・ホテル

バーテンダーが、顔を近づけて語りかける。バンドの音があがると、より近づけてくれる。このベテランのバーテンダーのフランシスコさんは、このカウンターで何ヶ国の人と語り合ったのだろうか。メインダイニングからの帰りだったので、おのずと料理の話に、そして料理人の話題に移った。外国客船から何人ものコックが入れかわり立ちかわり、そんな港町の料理人たちの物語を聞かせてくれた。メインダイニングのワイン、ここでスコッチと彼の語る物語のおかげで、ゆらめく船旅をしている気になった。

マニラの港はホテルの目の前にある。チェックインの時に、ハーバーサイドか、パークサイドかを聞かれる。このフロントの女性の制服は、肩がピンと上がったこの国の正装だろうか、美しい。その女性の質問に、本当は港が見たかったのだが、大学の授業で使うための写真を撮りたかったのでパークサイドにした。パークサイドに見える公園周辺は、スペイン時代からの城壁都市が拡がっていた。その城壁に囲まれた都市の写真を、部屋からどうしても撮りたかったのだ。日本では見ることのできない都市の姿を「まちづくり」の教科書に使いたかった。そ

マニラホテル

もそもこの旅の目的の一つでもあった。

　このマニラホテルはかつて「東洋の真珠」と呼ばれ、東洋を代表する名門ホテルである。シカゴの都市計画で著名なシカゴ派の建築家ダニエル・ハドソン・バーナムがマニラの都市計画を作り、彼の後継者パーソンズがホテルを設計したとされる。[一六四]一九〇七年（明治四十年）、カリフォルニア・ミッションスタイルの建築が完成している。

　そして歴史的な名門ホテルとなる。『日本のホテル小史』[一六五]には「当時、ファー・イーストの名門ホテルとして、世界の観光客に最も高く評価されていたホテルが四軒あった。マニラの『ザ・マニラ・ホテル』、シンガポールの『ラッフルズ・ホテル』、バンドンの『サボイ・ホーマン・ホテル』、バンコックの『オリエンタル・ホテル』の四ホテルである。これらのホテルはいずれも戦前は設備、サービスとも世界で最高水準にあることを誇りにしていた」として、その筆頭にマニラホテルを挙げている。

マニラホテルができた明治四十年とは、林愛作がアメリカから帝国ホテルの常務支配人に迎えられた二年前である。したがい林にとっても、世界の最高水準のホテルのなかで、日本から最も近いホテルである。

そしてこの時に、日本に来るアメリカ人観光客が増えたのは、米西戦争でアメリカがスペインに勝利し、フィリピンがアメリカ領土となったことが関係している。アメリカからマニラへのビジネスマンが増えていくなかで、同時に日本への旅行が定着してきた。マニラホテル建設の目的も、こうしたアメリカ人向けにつくられた。ホテルの幹部従業員のほとんどがアメリカ人であったという。

帝国ホテルの林が、アメリカ人ライトに新館を依頼したのもこの頃である。また新館の計画は、このフィリピンの情勢とも無関係ではない。ライト館の料理場設計のために海外からむかえられ、林の下で副支配人を務めていた犬丸徹三は著書で「新館増築の計画」の章に次のように書いている。「米人来遊の増加は、フィリピンのアメリカ領有が最大の原因である。フィリピン諸島は、十六世紀以来、三百数十年にわたってスペインの統治するところとなっていたが、明治三十一年四月勃発した米西戦争は、フィリピンにまで波及し、その結果、同年十二月、遂に、この諸島は米国の新領土となった。それ以来、米人にしてフィリピンへ旅行を試みる者が増加し、彼らはその途次、ほとんどが、わが国に立ち寄ったのである。日本のホテル事業は、このことによって大きな刺激を受けた」(一六六)。

こうした極東のホテルの建築にアメリカ人建築家が起用されていくのはなにも不思議ではな

い。マニラホテルには、バーナムらが関わり、帝国ホテルにはライトが登用された。ともに国の迎賓館という国家的なホテルだ。

　シカゴ派を代表する建築家バーナムとは、摩天楼建築の創始者の一人といわれるウィリアム・ル・バロン・ジェンニーの弟子であった。ライトが学んだ師匠サリヴァンもまたジェンニーの事務所に入っていた時期がある。サリヴァンもまたシカゴ派の巨匠となっていく。ライトは、大学では建築科でなく土木科であったが、このシカゴで建築の実務を積んでいったのであった。かつて非常に近い距離にいた二人の建築家が、ファーイーストの名門ホテルのマニラホテル、そして帝国ホテルに関わっていくのであった。

　もともと林愛作が、帝国ホテルの新館設計を打診したのは、ライトではなかった。工部大学校造形学科（東大建築学科の前身）出身の下田菊太郎だった。この下田もまたシカゴのバーナムの事務所に入っていた。シカゴでホテルや大規模建築の設計も行っていた。帰国後も神戸のトーアホテルを完成させていた。林が帝国ホテルの新館の設計をその下田に依頼するのも自然なことである。

　ところが結局は、住宅設計を得意としていたライトの手に渡ったのであった。このことでライトの盗作疑惑がおこったぐらいだ。こうしたライト館の物語は、山口由美氏の『帝国ホテル・ライト館の謎』[一六七]が興味深い。

　いずれにしても名門のマニラホテル、そして帝国ホテルという建築設計に関わった建築家たちとは、ともに一時はシカゴで活躍していた近い存在のもの同士であったのである。

後のことになるが、昭和十年に帝国ホテルに入り翌年川奈ホテル初代支配人となったバスラーも、来日するまでの勤務は、ロンドンのサボイホテルやこのマニラホテル等を経て帝国ホテルに入社しており、（一六八）帝国ホテルとマニラホテルとは決して遠いホテルではない。

私はこのマニラホテルを見たとき、よく似た一つの日本の建築が頭に浮かんだ。しかし、その建築とは、マニラホテルと様式としては共通し、当時の日本でも流行していた真っ白な壁のスパニッシュ・ミッション・スタイルの建築ではなかった。このマニラホテルの両翼にそれぞれ三段に載せられた屋根の重なりは甲子園ホテルとまったく同じである。偶然にも屋根も緑色であることで、よりその印象を強く感じるのだ。

最高部の塔屋にかかる屋根を頂に、そこから前後それぞれの棟にかかる屋根、この三段の屋根が、両翼に配された建築は、甲子園ホテルを思わずにはいられなかった。

さらに正面から入って、左の翼に向かった先にメインダイニングのシャンペンルームがある。甲子園ホテルも左側のウイングがメインダイニングだった。このウイングの階上にはマッカーサーが長く住んでいた部屋があり、マッカーサースイートとなっている。

夜になってメインダイニングに近づくとオーケストラボックスから演奏が聞こえてくる。国家的文化財であるこのマニラホテルとは規模が違っても、ロビーからメインダイニングへ向かうとき、甲子園ホテルにいる気がする。

フルコースが終わってもできる限りこの空間にいたくなる。デザートでコースは結ばれたが、ベークドアラスカを最後にお願いしてみる。フランベされ炎につつまれて運ばれたテーブルにはオーケストラも集まっていた。船旅のなかにいるようだった。

ホテルの目の前には客船が接岸されている。きっとこのホテルから、神戸港へそして甲子園ホテルに旅装を解いたアメリカ人がいたことだろう。また甲子園ホテルからこのホテルに到着した旅人もいた気がする。

翌朝、ホテル前の港に外国客船が到着していた。イタリアの船だった。おそらくコスタ・アレグラだろう。二ヶ月後、私は再びこの船に出会うことになった。神戸港に入港してきたのだ。もちろん、この船が神戸港から出航するときには、ゼミの学生たちと五色の紙テープをもってお見送りにいった。

この紙テープとは日本独特のもてなし文化であるようだ。私は、紙テープを投げて見送られることの魅力で、神戸港がかつての世界一の港に戻って欲しいと願っている。神戸にいい思い出を残してもらい、また神戸に帰ってきて欲しいと願っている。日本のもてなしで、外国人旅行者をもてなす。私もその意味で阪神間のホテルマンの一人になっているつもりでいる。

甲子園ホテルの時代、外国客船とホテルとは、ともにもてなしの空間として近い存在だったのだろう。そして甲子園ホテルと神戸港も心理的に近い存在だっただろう。昭和五年開業まもない甲子園ホテルに、高松宮御夫妻は神戸港から新婚旅行に旅立つ前夜にお泊りになった。甲子園ホテルにとって外国客船が入港する神戸港の影響は大きかったであろう。

またマニラホテルには、戦時中、日本郵船が経営する時代があった。戦局が激しくなると、極東の名門ホテルは、日本軍に管理され、日本のホテルが運営していった。

バンコクのオリエンタルホテルは帝国ホテル、サボイホーマンは都ホテルとなったが、名門の筆頭に挙げられたマニラホテルは、昭和十七年に日本郵船が経営することになる。外国客船でのサービスが評価されてのことだろう。マニラホテルにとっては苦難な時代であったであろうが、このホテルには日本の歴史も刻まれている。

次にこのホテルに投宿するときには、神戸港を出航し欧州航路の船から上陸してみたいものである。

タールビスタホテル（フィリピン・タガイタイ）

バーの時間を気にしていたが、スパで眠ってしまっていた。バーに腰掛けることのない旅は初めてとなった。しかし、これが居心地のいいリゾートホテルといえるのかもしれない。バーにいかなかったので、翌朝には三文の徳をすることになる。日の出とともに眼下に望むカルデラ湖に世界一小さいともいわれる活火山が浮かぶ。タール火山である。タールビスタとは、まさにこの光景である。

マニラよりもかなり涼しい。マニラから数十キロぐらいで、標高約七〇〇メートルのタガイタイの町に来ることができる。暑い首都の機能がときおりここに移るにふさわしい環境である。首都に、先に紹介した国家的なマニラホテルが誕生し、今度はこの避暑地にもマニラホテルが必要となってきたのだろう。このタールビスタホテルの誕生にはマニラホテルが関わっているという。

タールビスタホテル

しかし、カリフォルニア・ミッション・スタイルのフォーマルなマニラホテルに対して、このホテルはコテージ風のリゾートホテルとなっている（しかし、洋風コテージではあるがどことなく土着の民族性も感じないではない）。なるほど、この二つのホテルの関係をみると、日本の帝国ホテルを思い出す。日本の国家的なホテルであった帝国ホテルに対して、その帝国ホテルが後に開業したリゾートホテルである上高地帝国ホテルも、スイス風シェレースタイルであった。タールビスタホテルと上高地帝国ホテルとは、ともに国家的なホテルによるリゾートホテル版といえるだろう。

明治二十三年に開業した帝国ホテルが、四十三年後の昭和八年に建てた上高地帝国ホテル、そして明治四十年開業のマニラホテルが、三十年後の昭和十二年に関わったタールビスタホテル、同じ極東の島国で繰り広げられたホテル物語には何か似たような印象をうける。

しかし、マニラホテルが三十年後、帝国ホテルが四十三年と十三年の差があるが、実は、帝国ホテルは、開業後から二十七年したときに小田原にリゾートホテルを計画し、ライトは林愛作に設計図を書いていた。開業からの時期、そして首都からの距離も数十キロと、タールビスタと同じような環境だ。またホテルから火山が見えたかどうかは定かでないが、温泉が引かれる計画もあったようであり火山国の環境が活かされた計画だった。

ところが結局は、ライト式リゾートホテルとなるはずであった小田原ホテルは未完となってしまった。しかし、このライト式リゾートホテルは、後に小田原ではなく関西に誕生することになる。

ライトの小田原ホテルが完成していない結果、帝国ホテルというかライトの目指したリゾートホテルとは、どちらかというと林が誕生させた甲子園ホテルだったのかもしれない。

マニラホテルとタールビスタホテルとの関係は、また帝国ホテルと甲子園ホテルとの縁を彷彿とさせるものであった。

そしてタールビスタホテルから眼下に広がる一面の湖を見ると、やはり同じように水辺が広がっていた甲子園ホテルを思わずにいられない。

さらにタール火山を見ていると、極東を訪れた外国人観光客が太平洋に浮かぶ火山列島の風景を求めたことが思われる。それはドイツ人映画監督が、甲子園ホテルが登場した映画「新しき土」を、地震のシーンでスタートさせ、主人公が火山を駆け上る場面をクライマックスにもってきたこととも重なる。

私たちは極めてバナキュラーな造形をしたボートに乗って湖に浮かぶ火山に着いた。そこから島の少年少女が手綱を握る馬で急峻な火山を駆け上る。たくましすぎる少年少女に命をあずけ頂を目指した。

ホテル・ニューグランド（横浜）

このバーは、港のようだ。カウンターをとまり木に、休める外国人を目にすることは少なくない。おそらく彼らは空の港から、ここに来たのだろう。しかし、このホテルは長年、船から外国人を迎えてきた。目の前に船が泊まり、このホテルは日本の玄関でもあった。

昭和二年開業の本館に泊まれば、バーから部屋までは、同じ建物だから近くて歩いて帰れる。クラシックホテルがアットホームに感じるのは、このコンパクトな空間だろう。また今日は、いつもと違って「メインダイニング」も本館で過ごせる。今夜は、日本郵船歴史博物館の企画した宴会で、開業時のメインダイニングで、昭和十二年五月十三日の浅間丸での船旅の料理が披露されることになっている。昭和二年のホテルで、昭和十二年の料理、そしてダイニングからバー、部屋と、開業の建築のなかだけで一日過ごせるチャンスであった。

ところが西洋館のホテルのなかにあって、今日の宴会の扉が開くとそこは別世界だった。天井を見上げると格天井に小さな舞台まで、まったくの日本の伝統的建築の要素を随所に取り入れた日本趣味の空間だ。こんな部屋が、ニューグランドには残されていた。以前に泊まったときは、新館にある現在のメインダイニングを気に入っていただけに、この部屋のことは、まっ

ホテル・ニューグランドのフェニックスルーム（開業当時はメインダイニング）

たく知らなかった。今はこうして宴会のときに披露されるようだ。

テーブルには十名ぐらい。御夫婦や御家族と初めて会うもの同士だ。宴がスタートすると、年輩の男性が、さりげなく乾杯のグラスを持ち上げた。その乾杯で、いつしか会話の和が広がっていった。お向かいには、私より少し若い息子さんがご両親とお祖母様を誘った家族だった。私も母親と来ていたので家族的なテーブルとなった。乾杯をしてくださった御夫婦は、やはり長年船旅を楽しまれている方であった。船旅のメインダイニングとは、こうして宴の会話がはずんでいくのだろう。やはりいつしか本当に船旅をしている気になってきたのだった。ホテルと客船とは、ホストと旅人同士の家族的な雰囲気が空間をつくっていくという共通点をもっているのかもしれない。この部屋は、そんな歴史が今も息づいているのだろう。そして林愛作が甲子園ホテルでＡＮ　ＩＤＥＡＬ　ＦＡＭＩＬＹ　ＨＯＴＥＬと考えたのもそれだったのかもしれない。

甲子園ホテルの三年前に生まれたニューグランドは、年の近い先輩である。甲子園ホテルの木村健蔵料理長が、腕を磨いたホテルでもある。この港町横浜のニューグランドは、港とホテルと船が一緒になって今も歴史的空間をもてなし空間として未来へ向かっている。旧甲子園ホテルの空間もまた阪神間や神戸港と一体となって、地域貢献できる道もあるのかもしれない。

もちろん客船時代には、マニラホテルを出発して、次の陸のホテルとして、このホテルに泊まった旅人もいたかもしれない。太平洋戦争が始まるまでマニラホテルに暮らしていたマッカーサーは、日本の終戦となった八月、日本占領の総責任者として日本に着いて、その最初に泊まったのはホテル・ニューグランドだった。ホテルが用意したメニューは、クジラをステーキ風に料理したものなどという。(一六九)冷蔵庫にはもう肉といってもクジラとスケソウダラしか入っていなかったようである。マッカーサーは、戦前にもアメリカからマニラへ戻る途中で、このニューグランドで旅装を解いている。(一七〇)マニラホテルと同じように、メインダイニングの上階がマッカーサールームとなっている。

帝国ホテル

二階のバーで置かれたグラスに、私は目を疑った。グラスの口に、市松格子の模様が一周し、

帝国ホテルのライト館（現在は明治村で保存されている）

一点から幾何学模様がぶらさがる。バーテンダーは、その驚きに、すかさず古いグラスを私の前に置いてくれた。二階のバー、となりのメインダイニング、一階のダイナーも、こちらが何もいわなくても、思いが伝わる。彼らの気持ちに喜びを感じるのだ。

私が目を疑ったのは、この帝国ホテルのグラスが、甲子園ホテルに残されているグラスとそっくりだからだ。甲子園ホテルのものにも、まったく同じように市松模様が回り、そこに小さく幾何学模様で結ばれた打出の小槌が描かれている。甲子園ホテルが、この帝国ホテルのデザインをモデルにしたのだろうか。ライトか遠藤のデザインなのだろうか。バーテンダーが探して見せてくれたのは、何種類かの時代のものだった。唯一残るもっとも古く、手づくりのような風合いのものは、甲子園のグラスと同じような持ち心地だった。

古いものでは、錫のカップを見せてもらったこともある。帝国のモスコミュールは、錫でだしていたという。すると、見せてもらっていたコップにさりげなく氷が入り、水が注がれた。一度味わってくだいと、モスコミュールを頼んでないのに、錫を味あわせてもらった。次に泊まったときには、もちろんモスコミュールからスタートした。続いてモスコミュールとともに錫で出されてきたというジンバックを楽しんだ。この日は、三十八年のベテランのバーテンダーだった。錫の先代は、銅製のグラスだったという。

このバーは、ライトが設計したライト館で使われた壁が利用され、椅子などもその時代のものである。私も最初は、ホテルの空間に興味があったが、今は空間よりもホテルの人たちを尊敬している。場所とは必ずしも、空間だけでつくられるものではない気がする。この場所にくると、甲子園ホテルで働いていた人から聞いた話を思い出す。ホテルには、それぞれの場所に専門のプロがいて、お客さんは、その人を求めてホテルに来ていたという。今日は、あの人のデザートのために来たというお話だった。

帝国ホテルには、最も大切なシャツを着ていくことにした。林愛作のアイディアを感じたかったからだ。林は、ここで初めてホテル専用のランドリーをオープンした。うっかり出し忘れて、受け取りがチェックアウト後の夕方になってしまった。翌日、仕事を済ませてクリーニングだけを取りにきた。「お帰りなさいませ」と、最高の仕上げを受け取った。次回はしっかり朝に間に合った。さらに今度は、お気に入りの靴まで新調のようによみがえった。

帝国ホテルと並び称された甲子園ホテルがもし今も残っていたら、そして関西でもこうした空間が残っていればと思うばかりだった。しかし、平成に入り帝国ホテルはとうとう関西に誕生した。執筆中、偶然にも後輩の結婚式が帝国ホテル大阪の孔雀の間であった。驚いたのはライトの孔雀の間が再現されていた。他にも随所にライト館の意匠で飾られている。生きるライト空間は、この大阪の帝国ホテルで再現されているのだ。ここは、ある意味では、関西では、三代目の西の帝国ホテルと思えてならない。そしてやはりそこにはライトが生きている。偶然にも今年（平成二十二）の四年生の謝恩会は、ここ孔雀の間だった。

お祝いのスピーチでこの幸せを育む空間の説明をした。宴は、この立派な空間にまけない温かなものだった。最後の全員写真は、まるでオーケストラボックスのようなコーナーからという凝った演出だ。思い出に残る時間だった。

富士屋ホテル（箱根）

富士屋ホテルのバーには、Ｍｔ．Ｆｕｊｉというカクテルがある。帝国ホテルにも同じ名前のカクテルがあった。このバーは、甲子園ホテルができた昭和五年にできたメインダイニングの建物の一階にある。明治二十四年竣工の本館に並んで誕生したメインダイニングの外観は和風である。

この一階のバーは、もとはビリヤードの場だったようだが、外観の印象とは変わって天井は、幾何学模様で飾られていた。富士屋ホテル創業者を曾祖父にもつ山口由美先生は、『箱根富士屋ホテル物語』のなかで、「この幾何学模様に、ライトの面影を見たような気がしたのである。

富士屋ホテル本館から花御殿をのぞむ

正造が帝国ホテルに関わった時期は決して長くない。しかし、その間に受けたさまざまなインプレッションが、のちに彼が〝建築道楽〟となった原点のように私には思える」（一七）と書いている。

正造とは、創業者の跡継ぎとして富士屋ホテルの専務取締役で支配人だった大正十一年、帝国ホテルの林愛作支配人が退くことになり、帝国ホテルの支配人に抜擢され、十一ヶ月間、二つのホテルの支配人を兼務してライト館完成に向けて指揮をとっていた山口正造のことである。

山口正造は帝国ホテルから富士屋ホテルに戻り、このメインダイニングの建築を完成させた。昭和五年という同じ年に、ライトの建築に影響を受けたホテル建築として、甲子園ホテルと、箱根の富士屋ホテルのメインダイニングが完成したのだ。

富士屋ホテルは、ライトも旅装を解いている。本館三階の55号室の部屋である。この部屋は正面の左側のコーナー、逆の右側コーナーの45号室に私たちは家族で滞在させてもらった。55号とは、シンメトリーの部屋の室内に入ると、広い窓の手前に、間仕切りのアーチの壁がある。バスタブは猫足で、室内は明治の西洋館そのままだ。ところが、西洋式の猫足バスの蛇口をひねると、いかにもよさそうな泉質のお湯が出てくる。すっかりここが温泉であることを忘れていた。窓の左側には、メインダイニングの建物、右側には花御殿の和風のホテル建築が山並みにとけこんでいる。

花御殿とは、昭和十年に山口正造が設計した日本趣味の建築である。外国人を意識した造形だ。横浜港から多くの外国人が箱根に向かった。花御殿の階段に貼られたモダンな模様の素材は、豪華客船にも使われた新素材だったそうだ。客船とホテルとはサービスだけでなく、内装としても少なからず影響をあたえあったのだろう。

このホテルからは、郵船の外国航路で活躍するコックもいた。横浜で行われた山口氏の講演「ホテルと客船」で一人のコックが紹介されていた。その黒川正太郎は富士屋ホテルから、日本郵船へ、そして神戸・元町のグリルの司厨長を務め、甲子園ホテルの鹿中料理長と同じ時期に、日本司厨士協同会神戸支部の役員を務めている。

富士屋ホテルの厨房は、大正九年竣工で「東洋一」と呼ばれた。しかも、いまだに現役だ。広く高い天井に大きな窓がある。これだけ陽があたる厨房は、画期的なことだっただろう。甲子園ホテルで設計者の遠藤新が「陽を充分に受けて食堂にしてもよい程の立派さ」と誇ったように、ホテルの心臓部への力の入れようは、いまも富士屋ホテルで健在している。

そこから運ばれるメインダイニングのメニューで目をひくのは、富士屋風虹鱒の料理だった。鯛を愛する瀬戸内っ子を自負する私にとって、太平洋ならまだしも、箱根の関より向こうの魚は慣れない。それゆえに虹鱒にひかれるのだ。頭まで味わえ、お皿には何も残らない。

最後に心が躍ったのは、富士屋ホテルのレモンパイである。私は二十代のとき、毎年、その年のテーマのケーキを決めて、三六五日間、毎日、様々な店のものを食べノートに絵の具でスケッチを続けていた。それを何年か続けた。そこで苦労したケーキがこのレモンパイだ。平成生まれの店では、あまり作られない。関西でいえば宝塚ホテルが、そこから独立していく職人さんの店とともにレモンパイを定番としていた。しかし、そうしたお店も、またホテルまでもレモンパイをやめている。だからあまり研究データーがとれないのだ。そのレモンパイが、富士屋ではメインダイニングで楽しめる。この味とデザインは、他にないまったく富士屋風だ。虹鱒にレモンパイ、このお気に入りのコースを、また二ヶ月後、メインダイニングで頼んでしまった。

山口由美先生から思いもよらないうれしい連絡をいただいた。先生が、山口正造氏の個人アルバムを整理していたら甲子園ホテルの写真が何枚もでてきたというのだ。同時代を生きた富士屋ホテルにて、甲子園ホテルの生きた姿を見ることができた。ともに同時代、ライトの影響をうけたホテル同士である。写真には、やはりメインダイニングと庭の写真が続く。甲子園ホテルでくつろぐ写真には、富士屋ホテルのホテルマンだけでなく、日光の金谷家の人々もいる。甲子園ホテルの香川富太郎支配人と本当に親しげに写っている。その笑顔は、お客さんを迎える支配人の顔というよりも、むしろ友人のようでもある。

笹屋ホテル（長野）

バーカウンターから目の前に広がる建築が、遠藤新が設計した笹屋ホテルの別館である。この建築は、バーの夜景となっている。バーから正面に見える二階はライブラリーであり、雑誌『婦人之友』が昭和五年から並ぶ。甲子園ホテルのスタートした年である。遠藤は、この年、この雑誌に甲子園ホテルの文章を寄せている。

帝国ホテル、甲子園ホテル、笹屋ホテル、これは遠藤新のホテルの仕事の順番である。したがい帝国ホテルの次に泊まりたくなるのは笹屋ホテルだ。甲子園ホテルを見て、遠藤に設計の依頼が来たという。建築の完成は、甲子園ホテルが昭和五年、笹屋ホテルが八年と近い。しかし、遠藤は笹屋ホテルでは、いわゆるライト式ではなく、数奇屋建築を設計している。

私が通された部屋は、「萩」であった。予約のときに甲子園ホテルを感じる部屋を頼んでいた。廊下の先には、萩と桔梗だけだ。遠藤が最初に設計した竹、梅、蘭（建築当初は、菊、竹、梅、蘭の四部屋だったが、現在は、三部屋に改装）の三部屋も別の廊下である。また皐月と菖蒲が同じ棟となり、菊も独立している。

二部屋以外のお客さんと顔を会わすことのない配置は、甲子園ホテルと全く同じだ。また池に囲まれ水辺と一体となって構成されていることも同じだ。踏み込み、前室、座敷と展開する最後の広縁は、一段下がりテーブルとソファーが置かれる。ソファーから、座敷を振り返ると、

笹屋ホテル別館「萩の間」

そこに座る人と同じ目線の高さに設計されているが、これも林式のファミリーホテルである。

作庭は遠藤と同郷だった造園家・阿部貞著である。阿部は「造園家の阿部貞著は、中、高、大学と新とは同窓で、新にとって無二の親友でもあった」、「帝大の農学部実科教師の職を辞し」、「自ら地下足袋を履いた変り種である」という（一七二）。阿部は、後に「新京の甲子園ホテル」と呼ばれたという満州中央銀行倶楽部でも、水辺を作庭している。

部屋の手前にも小さな庭があり、卵ぐらいの丸石が敷き詰められている。石の色が、火山岩で黒っぽく、石の肌も、きめが細かくぷつぷつと孔があるからやわらかな表情だ。もし、石が白っぽくつるつるしていると、逆に硬い印象となるだろう。この石は、おそらく地元近隣の火山岩であろう。またこんなまん丸になるには、よほどの時間、川でくるくると転がっていたのだろう。この小さな石が、数奇屋建築と前庭、また座敷奥の庭との間に敷き詰められている。角のある庭石、また角をつくる建築を、やわらげている。

遠藤新は、甲子園ホテルのいたるところに、石を滴のような珠《たま》に彫った。その珠は、直線的な建築の表情をやわらげている。

玉石や滴といった水の作用が織り成す造形のなかで、運ばれた料理も鮎のお造りから川の幸が創作されている。子持ちの鮎に喜ぶも、他方で子への栄養がいかないようにされた信州サーモンが運ばれ、瀬戸内の魚で育ったものにとって珍しいものばかりだ。しかし、この甲子園ホテルと同時代の東のホテルには川魚の料理が目立つ。

この遠藤が設計した八室は、現在の笹屋ホテルでは別館となっているが、専用の厨房があり調理長がいる。厨房の場所は、八部屋の中心の心臓部にある。そこから八室に回廊が枝分かれして行く。二部屋以上のお客さんだけでなく、二部屋以上の料理も目にすることはない。

川奈ホテル（伊豆）

バーに置かれたグラスの縁にラインが回されホテルのマークが入る。ここにもこのグラスがあった。ホテルで親子二代務めているというバーテンダーだった。ここでは二代は珍しくなく、三代というホテルマンもいることを彼に教わった。それを聞いてからは、行く先々で名札が気になるようになった。翌朝、出会ったホテルマンの胸をみると彼のお父さんだった。「きのう、バーでホテルの歴史を教わりました」とお礼をいっておいた。経営者が変わっていっても、このホテルの歴史は彼らによって引き継がれている。

メインダイニングでも、メニューにはのっていないが、バロンステーキを聞いてみた。かつて本で読んだことがあったからだ。もちろんすぐに料理が運ばれた。バロンとは、このホテルを誕生させた大倉喜七郎男爵のことである。帝国ホテル会長でもあったバロンが、昭和十年に完成させた。バーのグラスが、甲子園ホテル、帝国ホテルとこの川奈ホテルが似ていても不思議ではない。「とても他人とは思えない」、「とても他人とは思えない」と何度も何度も、このホテルの加藤達雄氏が滞在中に私にいった。甲子園ホテルについて話すたびにこの言葉がでる。

エントランスからロビーへ、そのロビーから庭を望む手前に並ぶ柱が織り成す光景は、本当に他人とは思えない。また吹き抜けで二階から望めるロビーを見て甲子園ホテルと他人といえる人がいるだろうか。

そしてここにもフランク・ロイド・ライトの面影がある。帝国ホテルでライトの仕事を支えた繁岡鑒一《けんいち》が勤務していたからだ。繁岡は、ライト館で孔雀の間にある孔雀の絵を岩絵の具で仕上げた。帝国ホテルのライト建築事務所設計部（インテリア部門）に入社していた（一七三）。ライトは帰国するときに、アメリカで自分の建築事務所で働くように誘ったという（一七四）。結局、ライト館完成後は、帝国ホテル内の美術関係に携わる。終戦とともに川奈ホテルに入り、ホテル内の美術を担当し、絵画やインテリアを次々に生む。今も繁岡の仕事がホテルを飾っている。ライト館から引き継がれた空間がここにもあった。

川奈ホテル

そして以前、初めて私はこのホテルの堀芳美氏に案内していただいたとき、まったく阪神間にいる気分になった。それは甲子園ホテルそっくりのロビーだけでなく、このホテル建築のせいであった。阪神間モダニズムを象徴するスパニッシュスタイルでホテルが設計されているからだ。谷崎潤一郎が阪神間で最初に書いた『赤い屋根』そのものだ。東京ではなく、阪神間で大流行した建築様式だった。ところが、阪神間には、このスパニッシュスタイルでホテルが設計されることはなかった。阪神間では、邸宅や学校建築であまりにも珍しくなかったスパニッシュスタイルでホテルという象徴的な空間を設計するということは、確かにしにくかったのかもしれない。

しかし、川奈ホテルを設計した高橋貞太郎は、阪神間で流行していたスパニッシュを採用している。高橋は、このころ上高地帝国ホテルをスイス風シェレースタイルで、また新大阪ホテルをベネチアンゴシックで設計するなど、ホテルによって多彩な様式を採用していた。高橋はスパニッシュを選択した頭のなかに、スパニッシュ建築が広がる阪神間の風景を少なからず思い浮かべてはいないだろうか。そしてその地にあった甲子園ホテルに足を運ぶことはなかったのだろうか。

川奈ホテルは、リゾートホテルに大きな影響を与えることになった。川奈を訪れたローレンス・ロックフェラーは、このホテルを気に入り、ハワイに川奈ホテルをモデルにしたマウナケア・ビーチ・ホテルをつくった。すると、またこのマウナケアをモデルにしたリゾートホテルが続々と作られたという。

偶然、この夏、大学のダイビング講習会を引率することになり滞在したホテルが、マウナケアをモデルにしたホテルであった。川奈ホテルから受け継がれたリゾートホテルが、ハワイを経て沖縄に帰ってきたことになる。私はこの沖縄のムーンビーチホテルで部屋に入るやいなや、目を疑った。ベッドが置かれる洋室の奥は畳の間となっている。これは日本のホテルを目指していた林愛作が甲子園ホテルで実現した林式の客室だった。縁の糸がみえたような気がした。

この川奈ホテルは日本のリゾートホテルの到達点に思えてくる。川奈には、ロビーの奥に囲碁の間がある。私は、初めてこのホテルにきたときの、ここで碁をうつ夫婦の光景がいまでも忘れられない。その姿を目にして、こちらもくつろげた。夏だったからロビーとテラスからプールで遊ぶ親子が見え、人がくつろいでいる姿を見ることでこちらがくつろげるという関係を味わった。

川奈ホテルといえば、あまりにも有名なのはゴルフである。ゴルファーの憧れの聖地である。

しかし、このゴルフでさえもそのプレーヤーの姿を、ホテルから遠くにみることで風景が完成されている。壮大なランドスケープがこのホテルにはデザインされているようである。

そして、このホテルは、かつて「日本のホテル」のサービスとなったスキヤキにしても到達点にある。川奈ホテルでは、すき焼きルームではなくすき焼きハウスとして完成されたのだ。単なる専用室ではなく、専用の建築をもった。スパニッシュスタイルの西洋建築のホテルには、古民家が移築された。

私がこのホテルで惹かれたのは、碁とスキヤキの二つである。私がゴルフをしないからかもしれない。川端康成が、このホテルを書いた作品には、碁の名人とスキヤキが登場している。スパニッシュスタイルの建築とともに、あまりにも有名すぎるゴルフがある他方で、私はこのホテルは「日本のホテル」の一つの代表作と思う。

特にランドスケープデザインである。先のスキヤキハウスである。この古民家は単なる離ではない。それは、メインダイニングで食事をすればよくわかる。今回、夏に来たときには見えなかった富士山が、冬に来たことでよく見えた。ホテル全体は太平洋を向いているが、このメインダイニングだけは富士山へ向いている。

その富士山方向には、富士山とこのスキヤキハウスの茅葺屋根だけが見えるように作っている。スキヤキハウスは、単なる和風別館ではなく、この景色のためにある。そしてメインダイニングの建物は、スパニッシュスタイルであるが、この富士山方向の窓だけは、和風の造作を施している。和風建築の額縁と富士山に茅葺屋根という日本の代表的な風景がまとまっている。

そして、このメインダイニングは、まるで富士山の遥拝場のようである。

この時期、日本のホテルでは、外国人を意識した日本趣味の建築が多く生まれている。しかし、この川奈ホテルは、一見、あまりにも有名なゴルフと、このスパニッシュ建築によって、その印象を同時代のホテルとは一線を画する。しかし、このメインダイニングからのランドスケープデザインからは、やはり時代の空気を味わうことができるのである。

そして甲子園ホテルと同じ時代のホテルだからこそ、川奈ホテルの図書室には、甲子園ホテルが現役で載っている本も並んでいる。また甲子園ホテルにはこの川奈ホテルからきたコックもいたといわれている。やはり同時代を生きたホテルだ。本に熱中しあやうく夜をふかすところだった。おかげで朝には、布団のなかから水平線の日の出が見えた。富士山と朝日、どちらも拝めためでたい滞在であった。

蒲郡ホテル（現・蒲郡プリンスホテル、愛知）

バーでの話題は、ツツジ談義となった。メインダイニングのソムリエが、お酒も好きだからと、ここでお酒をつくることもあるそうだ。ツツジの季節でなかったが、子どもの頃のツツジの思い出が湧き出てきた。さいごに、私が生れ育った芦屋市の花である小さなツツジ（コバノミツバツツジ）を思い出した。彼は、この小さなツツジについて、すぐに図鑑で見てみますといっていた。ツツジで有名な他のホテルの人たちとも、仲がいいそうだ。研究熱心である。彼のアゼリアというカクテルの色は、ツツジそのものの色とは、またちがったツツジの美しさを

蒲郡プリンスホテル

伝えている。

もっとも楽しかったのは、竹島という寿司処での時間だった。ここではハゼ談義となった。釣り好きのチーフと、子どものころのハゼ釣り話にわいた。ハゼは三河湾の砂地の幸だ。戦前のホテルのパンフレットにもハゼ釣りが載っている。ホテルの前浜は、潮干狩りの名所でもあった。握りにもタイラギ貝が出てきた。大きいですねというと、誇らしげに綺麗な貝殻が持ち上げられた。三河湾の幸を説明するためにわざわざ保管しているようだ。地元への想いが伝わってくるのである。まずこの寿司処で食事をしたかったのは、この離れの日本建築が、ホテル開業の昭和九年当時のままだからであった。しかし、すっかり建築のことは忘れてしまっていた。こうして夜に寿司処、翌朝がメインダイニング、昼に鉄板焼きと、いつしかすべてのダイニングを楽しんでいた。この鉄板焼きの離れも六角形の日本建築で当時の姿である。屋根にのる瓦は、甲子園ホテルを思わせる緑色だ。甲子園と蒲郡とは同じ建設会社の施工であり、関係があるのだろうか。

それよりも甲子園ホテルと似ている空間が各階にある。畳のフロアーステーションだ。蒲郡では、ここで来客の抹茶をたてたという。蒲郡ホテルも、もともとは常盤館という旅館からスタートしている。日本旅館のよさが取り入れられたのは甲子園ホテルと共通するところである。蒲郡には、なにか甲子園ホテルを感じるところがある。

そもそもこの蒲郡ホテルに来たかったのには理由があった。この春（二〇〇八）、旅行作家の山口由美先生に旧甲子園ホテルでの講演をお願いしたときのことだった。旧甲子園ホテルを見て、この蒲郡ホテルと雰囲気が似ているというようにおっしゃられたのだ。

日本旅館が意識され生まれた甲子園ホテルの四年後、日本旅館が手がけたリゾートホテルに少なからず共通点があるのも自然のことだろう。そして甲子園ホテルで目指された家庭的なホテルとはこうした空気なのかもしれない。大手チェーンのホテルになった今も、蒲郡には、この家庭的な雰囲気が引き継がれている。そこには、地元を誇るホテルマンたちの姿がある。

それを感じた寿司処の名前となっている「竹島」とは、目の前に見える島だ。三河の国の竹島だ。橋で歩いて渡れる。もともと琵琶湖に浮かぶ竹生島に見たてられたようだ。琵琶湖という海に近い意味の近江の国、その海からずっと離れた遠江の国は、このすぐ東の国である。この近江と遠江の話は、子どものころ父によく聞かされ、新幹線でここを通るたびに思い出す。先人は、遠江に琵琶湖を近づけ、近江に思いをはせようとしたのだろうか。

この蒲郡ホテルを引き継いだ大手ホテル創業者の家系は近江の出である。遠江に近いこの場所は、かつて近江に見たてられた。その場所に建つホテルを、近江にゆかりの会社が手に入れたのも不思議な縁である。故郷の風景を東京に近いところで懐かしんだのだろうか。いずれにしてもこの歴史的建築は、この会社によって大切に伝えられている。単なる建物だけでなく、家庭的な雰囲気も。

この夏、家族で思い出を刻んでからは、新幹線で通るたびに、車窓から見えるこの海辺のホテルを追う。最近は、富士山サイドではなく、海側に席をとっている。

日光金谷ホテル

バーの名前は、ディサイト。私はこの名に惹かれた。このバーの特等席は、石造りの暖炉前という。火を見ながらグラスを傾けるのがいいらしい。まだ九月だから火はなかった。幾何学模様が彫刻された暖炉脇にぶら下がる非常用ホースは、消防車のようなしっかりしたもの。暖炉は、このホテルの玄関に連なる柱と同じ石でできている。カウンターの足元もよく見ると、またこの石で組まれる。石に囲まれたバーだ。

この石は、柔らかそうに見えるが火に強い。だから暖炉にいい。花崗岩（御影石）は硬そうに見えるが火に弱い。このバーの石は、火山灰が固まってできている。火山の国の石である。しかし、このバーの石は地元の石でもある。石が採れる大谷は、このホテルのある日光からすぐの場所だ。そう、このバーの名前ディサイトとは大谷石の学名だ。

ディサイトは、ライトが好んで使った石である。帝国ホテルで採用したことで、日本中に拡

日光金谷ホテル

がるきっかけとなった。ライトは、初来日した明治三十八年に、このホテルに泊まっている。これまでライトと大谷石との出会いとは、東京でのドライブ途中ということになっている。

しかし、初来日のときに、すでにライトは大谷石と出会う機会はなかったわけではなかった。日光への旅路に、大谷石が積まれたこの地方固有の石蔵が目に入ったかもしれない。日本では少ない石造の建築である。地域性を意識していたライトもきっと興味をもつはずだ。しかし、石蔵が林立するのは、ちょうどライトの帝国ホテルと同時代だ。初来日のときには目立つほどではなかっただろう。また金谷ホテルの玄関の列柱が並んだのも昭和十年である。ライトの日光旅行は、大谷石時代の前夜のことだ。しかし、ライトの大谷石との出会いが、このときになかったとは決していえないのだ。

いずれにしても金谷ホテルには、ライトが投宿してから明らかに大谷石が目立つようになっている。ライトの面影がここにもあるのだ。バーにもライトが関係したともいわれることがある。同じように面影のあるといわれる富士屋ホテルの建築を指揮した山口正造は、この金谷ホテル創業者・金谷善一郎の次男だ。兄の金谷真一が継いだ金谷ホテルと、富士屋ホテルとは今も繋がっている気がした。金谷ホテルで仲良くなったアメリカ人が、次は富士屋ホテルに滞在すると話していた。アメリカ人には、いまだに金谷から富士屋、また箱根から日光というコースが生きているのだろう。

ちょうどこのホテルには、大谷石の文献や、この場で読みたいと思う書籍も並んでいる。外国語の貴重図書もずいぶん揃っている。読書スペースで夢中になってしまった。うっかり初めてだった東照宮に行くことも忘れてしまった。

もうメインダイニングの予約の時間になった。料理は決めていた。比較を楽しみたいメニューがあった。金谷風虹鱒である。仲良しの兄弟が支えたホテル同士に、虹鱒料理がある。金谷風は、大物の一匹が盛られている。富士屋風は、やや中型が二匹飾られていた。この大物に一つの期待をしていた。私には魚を調べる趣味がある。エラについている骨を集めている。その骨は、もとの魚の形に似ている。特に目がそっくりなのだ。鯛の鯛とも呼ばれているものだ。人間でいえば、のど仏の骨が、人の形をしているという。私は、その魚の骨を集めて、いつか小さな水族館でもできればと思っている。ところが虹鱒のこの骨をとるのに、ことし富士屋ホテルで二回失敗していた。もちろん今度は成功した。当然、お皿に残ったのは、その部分の骨のみ、ソースもなく真っ白だ。

このメインダイニングの天井も格天井で、この時代のホテルは、ほとんどがそうなっている。フランス料理と日本趣味との組み合わせである。そして、このメインダイニングにも大谷石の暖炉が施されている。

しかし、ライトや大谷石のことよりも、金谷ホテルを目にしたときに感じるのは、すっきりと落ち着いた山の手の静かな西洋館という印象である。そしてなかに入ると、今度はあたたかい校舎のようにも思った。ロッカーに、かわいいスケート靴が並んでいる。前の社長は教育者だったと聞いた。学校のように感じたのはそのせいなのだろうか。

自宅に帰ってから、直木賞作家がこの金谷ホテルをつづった本を読んで知ったのは、その前の社長もまた教育者だったことだ。地質学者でもあった。これでディサイトという名前や、あたたかな雰囲気の理由が知れたような気がする。東北大学助教授を辞して家業を継いだ。大学院を終え、スタンフォード大学からスタートしたアメリカでの八年の研究生活を経て、東北大に迎えられた。第一線の学者が四十代で研究室を閉めるのは大変なことであろう。大学院生の前途の面倒を見届けての就任だったという。あたたかなまなざしは、ホテル創業（明治六年）から引き継がれたものかもしれない。ホテル創業にいたるきっかけは、当時日光において、まだ人々が外国人を警戒するあまり、宿探しに難航していた一人を、金谷善一郎が自宅に泊めたことで生まれた縁であったという。その外国人とは、ヘボン式ローマ字創始者であるヘボン博士である。

　学び舎の雰囲気が、今も本棚や読書スペースに伝わっている気がする。翌日、私は東大での都市計画の研究発表に向かうことになっていた。朝、ホテルの秋山剛康氏が、研究に役立ててくださいと、神戸のモロゾフさんが泊まったときの、レジスターブックのコピーをもって、見送りにきてくださった。あたたかな朝に、学校へ行く学生時代を思い出した。

軽井沢万平ホテル

　この人に会いにバーに人が集ってきた。東京から地元から、静まった冬でもバーは篤い。ホテルへはホテルマンに会いに来ていることを知った瞬間だった。バーテンダーの小澤孝道さんは気づかいで心あたためている。そして建築もまた旅人を温めるために、間仕切りや床の断熱にモミガラを使うなど、雪国の知恵がつまっているという。本館はいっけん、洋館にも見えるが、モデルはここ佐久地方に伝わる養蚕農家だという（一七五）。ドイツの大学で工学博士号を取得し帰国していた久米権九郎が設計した。明治期から使われてきた元々の本館は洋館だったようだ。西洋館を建替えて、日本のホテルを目指したのだろう。

　それは旅装を解く部屋に入って実感した。泊まらせてもらった部屋はジョン・レノンが好んだといわれる１２８号室。昭和十一年のままである。ベッドの奥にしつらえられた部屋には、床の間と飾り棚が並ぶ。ところが、そこは座敷ではなくソファーが置かれる。ベッドにソファー、そこに和の意匠で仕上げられている。同時代、甲子園ホテルは客室へ畳を入れている。と

軽井沢万平ホテルの 128 号室

もにモダンなリゾートホテル、万平ホテルは和の装飾、甲子園ホテルは和のくつろぎを客室にあたえた。どちらも日本のホテルにおける客室を模索したのだろう。

本館もわざわざ洋館から建替えた。しかし、変わらないものがある。ポストだ。玄関前にポストというのは変らない。このポストに気づいたのは、夏に玄関脇のテラスでケーキをスケッチしていたときだった。郵便屋さんが、目の前に来てポストから手紙を取り出し始めたからだ。玄関にポストが前を向いているから、手紙を受け取るためのポストのようだが、郵便屋さんが取りに来る本物のポストだ。

郵便屋さんが取り出した手紙は、色とりどりで、形も様々だ。きっと滞在しているお客さんの手紙だろう。しばらくすると、また女性がきた。手紙の形は、おそらくグランドピアノの形で、ダンボールを切り抜いたものだろう。テラスでゆっくりポストを観察するのも意外と面白い。次に大きな封筒を投函したのは、さっき質問に答えてくださった総務の斉藤みどりさんで、目が合って笑ってしまった。多彩なビジネスレターも入る街のポストだ。

たしかにホテルには旅の便りも欠かせない。そこにポストがあればうれしいもの。かつて帝国ホテルにいた林愛作は、ホテルとして初めて郵便局を設け、初代郵便局長になった。林も、こうやってゆっくりとホテルを観察していたのだろうか。

ところで万平ホテルのポストも、前の本館時代には、横を向いていたが、今は前を向いている。そしてお向かいさんに、同じ背丈の友人がいる。ポストが顔を向けている先には、よく似た体形の灯籠がある。二人は会話しているようだ。やはり、このホテルでは和と洋が会話している。

またメインダイニングでも、ときには和・洋・中がある。冬に一度、昼は中華、朝は和食にしたことがある。まさに「主食堂」である。もちろんフランス料理がメインであり、私はフレンチは、やはり虹鱒にした。万平ホテルにも伝統的に虹鱒料理がある。この虹鱒もまたクラシックホテルと同時代に来日した文化であり、同時代のホテルを物語っている料理かもしれない。そして何度もいうようだが東日本を感じるのだ。

万平ホテルからうれしい便りが届いた。斉藤みどりさんが書類を整理していると、甲子園ホテルについて書かれた新聞の切り抜きが出てきたという。さっそく軽井沢へ。新聞は、昭和七年五月九日の大阪毎日新聞。大阪からわざわざ取り寄せていたのだろうか。よく似た方向を向いていたホテル同士がつながった。同時代の空間には、きっと手がかりがあるだろう、と信じて一年間、同時代のホテルで旅装を解いていくという研究手法が実った。甲子園ホテルではトレードマークに、日本に伝わる縁起物、打出の小槌が刻まれ、万平ホテルでは、ステンドグラスや、灰皿には縁起ものの亀が浮かぶ。それは前身が亀屋という旅館だったからだ。日本旅館に学んだ甲子園ホテル、旅館からホテルとなった万平ホテル、やはり方向は違わない。そして、うれしい便りのあるホテルである。

雲仙観光ホテル

バーの入口に舵《かじ》、ホテルの玄関には銅鑼《どら》が立つ。上海航路から上海に住むヨーロッパの人々を迎えたホテルには、丸窓をはじめとする曲線の造形が、船にいる気にさせる。上海は、ときに長崎、ときに神戸と結ばれた。東に横浜がアメリカへと結び、西の長崎、神戸は上海、ヨーロッパの街へと繋がっていた。船大工をルーツとする神戸家具で飾られ、長崎や神戸の会社をルーツとする大阪・堂島にある会社がずっと経営している。建築は竹中工務店だ。われわれ関西からみるとこのホテルは誇りである。また足元にちりばめられた色とりどりのタイルは、甲子園ホテルのバーそっくりだ。

メインダイニングで隣のテーブルの人々は、夜も朝もまた昼も同じだから、まったく船旅のようでもあった。ナフキンの折り方は、タキシード、トンガリ屋根と飽きない。ただ船と違うのは、温泉がひかれている。かつては、上海の避暑地であったが、ここは温泉地だ。来日した外国人は、温泉は好んだのだろうか。

航路は、戦後は飛行機へとかわるが、長崎に入港するクイーンエリザベス二世号やキャンベ

雲仙観光ホテル

ラ号といった名船の旅人をも迎えたという。
なんといっても横浜、東京よりもヨーロッパに近い。神戸よりも。ただ、長崎港の次の港は神戸であり、やはり、神戸大阪と船で結ばれたこのホテルに、甲子園ホテルの残り香があった。
案内していただいた馬場栄一氏は、お父様もここのホテルマンだったという。馬場氏は昭和四十一年に入社だったそうだが、そのときのマネージャーから、戦前に甲子園ホテルに務めていた話しを聞いたという。そのマネージャの名前は、以前に名料理長・西村修一から、甲子園ホテル副支配人の名として聞いていた。甲子園ホテルから海外のホテル支配人となったホテルマンと、おそらく同じ人物だろう。ゾクゾクッとした。初めて現役クラシックホテルと甲子園ホテルのホテルマンが結ばれた。西のホテル、関西が関わったホテル、そうした縁がたぐりよせてくれたのだろう。そのホテルマン・大多和辛九郎は、雲仙観光ホテルの記録では明治四十一年生まれで、昭和四十一年にホテルを退社している。

そしてここの屋根にも和瓦がのる。甲子園ホテルは松に色を合わせて緑となった。ここでは、赤茶色だ。瓦は島根から来た石州瓦というから、色は来待色といわなくてはならない。雪国に合う瓦だ。雪解け水が染み込み、それが凍ると普通の瓦では表面が割れてしまう。ところが、この瓦が、最近は周辺でもよく使われるようになっている。ホテル建築が地域に影響を与え、また新たな風土色が育まれているのだ。

しかし、私は帰って写真を見返して思った。玄関に連続する並木はカイヅカイブキであるという。このカイヅカイブキとは、甲子園ホテルがあった時代、邸宅を飾る生垣として阪神間では最も使われてきた樹木だ。雲仙の帰り、私は雲仙の麓、旧武家屋敷が並ぶ城下町・島原に寄ってみた。屋敷には石垣が続くが、関西の屋敷を飾るカイヅカイブキはあまり見かけなかった。やはり山の上に花開いたモダニズム空間・雲仙観光ホテルだけが関西を向いていたのだろうか。勝手に関西、関西というのはホテルに対しては失礼な言い方かもしれない。とはいっても、今は、もてなしの九州に育まれたホテルである。関西のもてなし文化と、今人気の九州のもてなし文化とで育まれた象徴的なホテルに思えてならない。甲子園ホテルもなくなり、関西にこうした空間が少なくなった今だからこそ、よけいにそう思えてくるのだろう。伝統的なホテルを地元にもつことは、地域の人たちにとって本当に幸せなことであるように思えてならない。

注

（一）　武庫川女子大学生活美学研究所ホテル小研究会（代表・角野幸博）「ホテル学研究」、一九九六年。

（二）　甲子園ホテルのパンフレットには、現在において三種類が見つけられているが、その二つにおいて、ホテル特製の西洋菓子やチョコレート、他にキャンディーや鳴尾苺（地元鳴尾村の特産品）が、ホテルのお土産として挙げられている。

（三）　「毎日新聞　阪神版」、二〇〇八年一月二十日。甲子園ホテルでボーイをしていた川端三之助氏（大正十一年生まれ）がインタビューのなかでウーグルス氏について語っている。「初代製菓長はウーグルスというロシア人でした。私が入社した三七年（昭和十二年）には退職し、阪急芦屋川北側にパンとケーキの店を開き、時々顔を出していました」。

ちょうど同じ年の昭和十二年に製菓部にいた林田末吉の日記に何回かオグルヂというロシア人が訪ねてきたことが、記されている。このオグルヂがオーグルスのことであろうか。また「芦屋に行きマルスに職人の事を頼まれたが心当たりもなくフレンドリーブに手紙出してくれとの事だが宇佐美君は未だ居るがオグルヂも勝手な事ばかり云ふ（三月一日）」という記述もある。マルスとは、芦屋のマアルス製菓だと思われる。フレンドリーブも、フロインドリーブのことだろう。

（四）　川又一英『コスモポリタン物語』、コスモポリタン製菓、一九八九年、三六頁。

（五）　谷崎潤一郎『細雪』、昭和十八年―二十三年。

（六）　小野高裕「ロシア人音楽家たち」『阪神間モダニズム』、淡交社、一九九七年、一三六～一四〇頁。

（七）　『日本の食生活全集二八　聞き書　兵庫の食事』、農山漁村文化協会、一九九二年、三七頁。

（八）　帝国ホテル『帝国ホテル百年史』、平成二年、二八〇頁。

（九）　西村修一『器に浪漫あふれて』、西村修一記念誌製作委員会、一九九五年、一五一頁。

（一〇）　關根保胤編『日本司厨士協同会沿革史』、日本司厨士協同会、昭和九年、一一八頁。

（一一）　田中徳三郎『西洋料理六十年』、柴田書店、一九七五年、一二二頁。

（一二）　同右、一二三頁。

（一三）　中村雄昴『西洋料理人物語』、築地書館、一九八五年、一九六頁。
（一四）　同右、一九六頁。また中央亭の野球については、『西洋料理事始』、中央亭、一九八〇年、一〇一～一〇三頁にも詳しい。
（一五）　前掲『西洋料理六十年』、一二二頁。
（一六）　西村貫一『日本のゴルフ史』、文友堂、一九三〇年。
（一七）　前掲『帝国ホテル百年史』一六一頁。
（一八）　前掲『器に浪漫あふれて』、一五一頁。
（一九）　『赤い屋根』、大正十四年。
（二〇）　「又新日報」、昭和三年三月十八日。
（二一）　中井佑『近代日本の橋梁デザイン思想――三人のエンジニアの生涯と仕事』東京大学出版会、二〇〇五年、四六頁。
（二二）　「毎日新聞」、昭和十一年六月六日。
（二三）　「毎日新聞」、昭和五年三月十八日。
（二四）　「毎日新聞」、昭和七年七月十二日。
（二五）　「朝日新聞阪神版」、昭和四年五月八日。
（二六）　「朝日新聞阪神版」、昭和四年七月二日。
（二七）　「神戸新聞」、昭和五年四月二十四日。
（二八）　巽慶子『女お仕打ち一代記』、沖積舎、平成十八年、一三一頁。
（二九）　「毎日新聞」、昭和十六年六月十五日。
（三〇）　「毎日新聞」、昭和七年七月十二日。
（三一）　遠藤陶『帝国ホテル　ライト館の幻影　孤高の建築家　遠藤新の生涯』、廣済社、一九九七年、一一〇頁。
（三二）　同右、一一〇頁。
（三三）　武庫川女子大学生活美学研究所「阪神間ルネッサンス　シンポジューム記録」、一九九二年、二〇〜一二三頁。
(三四) 池田文痴菴『日本洋菓子史』、昭和三十五年、九四四〜九五五頁。
(三五) 同右、九八〇頁。
(三六) 同右、九八〇頁。
(三七) 「神戸新聞」、昭和五年四月二十四日。
(三八) 前掲『日本司厨士協同会沿革史』、三七三頁。
(三九) 同右、二八二頁。
(四〇) 『帝国ホテル百年史』(二八一頁)では、五代目料理長として水谷義次(大正四年〜七年)となっており、中村雄昂『西洋料理人物語』(築地書館、一九八五年、一九頁)では水谷長三郎料理長と、名前が異なる。しかし、それぞれほぼ同時代のことを示している。
(四一) 前掲『西洋料理人物語』、一一三頁。宮内省の秋山徳蔵が、「料理にかけては日本一」と、感嘆していった言葉を、東洋軒で三船に師事していた川瀬勝博が回想している。
(四二) 前掲『日本司厨士協同会沿革史』、二八二頁。
(四三) 橋爪紳也『日本の遊園地』、講談社現代新書、二〇〇〇年、一〇八頁。
(四四) 遠藤新「ホテル　甲子園ホテルについて」『婦人之友』昭和五年六月、三三頁。
(四五) 岩崎信也『ホテル料理長列伝』、柴田書店、一九八三年、六二頁。戦後、ホテルグランドパレス料理長となる堤野末継が、昭和初期の修業時代に職場のチーフから神戸オリエンタルか甲子園ホテルを勧められたとされている。結局、堤野は、オリエンタルでも甲子園でもなく、昭和八年に帝国ホテル経営の東京會舘へ進んでいるため、チーフから甲子園ホテルを勧められていた時期とは、昭和五年から八年の間のことであろう。
(四六) オリエンタルホテル三十年の歩み編集委員会『オリエンタルホテル三十年の歩み』(神戸オリエンタルホテル、昭和三十一年、四頁)のなかで、訳され引用されている。また富田昭次『ノスタルジック・ホテル物語』、平凡社、二〇〇〇年、一〇頁において、ラドヤード・キプリングの『海から海へ』のなかで、「神戸オリエンタルホテルは、これまで食事をしたペナン島のオリエンタル、シンガポールのラッフルズ、香港のビクトリアといったホテルをはるかに凌駕していたといっても過言ではない」という引用を紹介している。

（四七）志度藤雄『一料理人として　神戸・パリ・ロンドン・銀座』、文化出版局、一九八一年、三六頁。

（四八）前掲『ホテル料理長列伝』、二二〇頁。

（四九）『ホテル料理長列伝』、三五頁。

（五〇）前掲『西洋料理人物語』、一六四頁。

（五一）『ホテル料理長列伝』、三五頁。

（五二）『飲食店経営』八四年六月号において、中村雄昂「連載第一八回　西洋料理に賭けた人々」で、甲子園ホテルで修業し後に料理界のリーダーとなった西村修一氏について紹介されている。その西村が鹿中と田中の関係をのべている。一七〇〜一七一頁。

（五三）西村修一「もてなしの味—戦前の甲子園ホテルを舞台に—」『もてなしの多様性—もてなし小研究会報告書—』武庫川女子大学生活美学研究所、二〇〇九年三月。

（五四）前掲「もてなしの味」、二八頁。また関西組と東京組の従業員全体として林田の日記によれば「石原君　重田君　日野君　池田君　立石君　伊ト君　川端君　片岡　佐川」といった名前が見られる。

（五五）前掲『飲食店経営』、一七〇頁。

（五六）前掲「もてなしの味」、三二頁。

（五七）前掲『飲食店経営』、一七〇頁。

（五八）前掲『器に浪漫あふれて』、一五一頁。

（五九）前掲「もてなしの味」、二七頁。

（六〇）「毎日新聞」、昭和五年三月十八日。

（六一）ホテルからは、たびたびお客さんへ向けて案内のハガキが支配人の名前でだされている。

（六二）「ホテルニューグランドSUKIYAKIパンフレット」、株式会社ホテルニューグランド所蔵。日本郵船歴史博物館による図録『豪華客船の食—船からうまれた工夫—』、二〇〇八年（制作＝海老名熱実・矢後美咲）に掲載されている。

（六三）前掲『もてなしの多様性』、二九頁。
（六四）前掲『西洋料理六十年』、二二七～二二八頁。
（六五）前掲『西洋料理六十年』、二二七頁。
（六六）前掲『西洋料理六十年』、一二二頁。
（六七）前掲『帝国ホテル百年史』、三四八頁。
（六八）株式会社東京會舘『東京會舘いまむかし』、一九八八年、一五一頁。
（六九）同右、一五二頁。
（七〇）前掲『西洋料理六十年』、二〇五頁。
（七一）同右、二〇五頁。
（七二）同右、三三頁。
（七三）同右、三三頁。
（七四）「毎日新聞」、昭和五年三月十八日。
（七五）前掲『もてなしの多様性』、二七頁。甲子園ホテルに林兄弟が関わったことを、西村修一が回想している。
（七六）佐藤万平『米国観光録』、一九二九年、二頁。
（七七）前掲『帝国ホテル百年史』、三五四頁。
（七八）前掲『帝国ホテル百年史』、四〇一頁。
（七九）武内孝夫『帝国ホテル物語』、現代書館、一九九七年、二二五頁。
（八〇）前掲『帝国ホテル百年史』、三三九頁。
（八一）川端康成「名人」、昭和十七年。
（八二）『角川日本陶磁大辞典』、角川書店、平成十四年、八二三頁。この大辞典には、後援者に小林逸翁（小林一三）、五島慶太が挙げられている。また青木重雄の『兵庫のやきもの』（神戸新聞出版センター、一九七六年、一〇四頁）には、「彼の童心を愛した五島慶太氏の知遇を得て」とされている。
（八三）『図録　川喜多半泥子と人間国宝たち展　桃山ルネッサンス　陶芸の近代化』、奥田元宋・小由女美術館、二〇〇七年、一二一頁。
（八四）大森一夫、高見沢隆『信州軽井沢　三笠焼』、ほおずき書籍、一〇頁。
（八五）前掲『角川日本陶磁大辞典』、一三三二頁。
（八六）同右、一三三二頁。
（八七）白土秀次『ホテル・ニューグランド50年史』、ホテル・ニューグランド、一九七七年、一九八頁。
（八八）ORIENTAL HOTEL KOBE JAPAN（神戸市立中央図書館所蔵）。
（八九）瀧兵の歩み編纂委員会『瀧兵の歩み』、瀧兵株式会社、昭和三十六年、一一二頁。
（九〇）「国際観光局第一回御指定　蒲郡ホテル」パンフレット。
（九一）山口由美『ホテルクラシック』、商業建築社、二〇〇〇年、三九頁。
（九二）日本郵船「楽しい船旅　１９３４」日本郵船広報映像、昭和九年、日本郵船歴史博物館所蔵。
（九三）前掲『ホテル・ニューグランド50年史』、一六一〜一六二頁。
（九四）山口由美『増補版　箱根富士屋ホテル物語』、二〇〇七年、一四一頁。
（九五）同右、一四二頁。
（九六）遠藤新「ホテル　甲子園ホテルについて」、『婦人之友』、昭和五年六月、三一頁。
（九七）「サンデー毎日」、昭和二年七月、「理想的なホテル」。
（九八）「大阪朝日新聞」、昭和四年十一月十一日。
（九九）「毎日新聞」、昭和五年三月十八日。
（一〇〇）柳沢和恵編『温泉の開祖　坂井量之助翁』、坂井修一刊行、昭和五十年、一三五頁。

（一〇一）前掲『帝国ホテル　ライト館の幻影　孤高の建築家　遠藤新の生涯』、一四七頁。

（一〇二）『坂井修一翁伝　化翁開明』、坂井修一翁伝編纂委員会、平成十七年、七八頁。

（一〇三）前掲『帝国ホテル　ライト館の幻影　孤高の建築家　遠藤新の生涯』、一四八頁。

（一〇四）同右、一五一頁。

（一〇五）下郷市造『ホテルの想ひ出』、大阪ホテル事務所、昭和十七年、八七頁。

（一〇六）「大阪朝日新聞」、昭和四年十一月十一日、四頁。

（一〇七）犬丸徹三『ホテルと共に七十年』、展望社、二一八〜二一九頁。

（一〇八）郡司茂『運鈍根　ホテルマン50年』、毎日新聞社、昭和五十二年、八七頁。

（一〇九）同右、八七頁。

（一一〇）前掲『ホテル料理長列伝』、四四頁。
（一一一）前掲『帝国ホテル百年史』、三三三〜三三五頁。
（一一二）前掲『帝国ホテルライト館の幻影　孤高の建築家　遠藤新の生涯』、一六四頁。
（一一三）富田昭次『ノスタルジック・ホテル物語』、平凡社、二〇〇〇年、九一頁。
（一一四）前掲『帝国ホテル百年史』、四〇三頁。
（一一五）岩崎家伝記刊行会編纂『岩崎小弥太伝　岩崎家伝記六』、東京大学出版会、昭和三十二年、一〇二頁。
（一一六）同右、一〇三頁。
（一一七）『中華民国維持政府　行政院長梁鴻志氏訪日記念』、昭和十三年十一月・民国廿七年十一月、（写真帖）。
（一一八）『日本ホテル館物語』、二五七頁。
（一一九）前掲『もてなしの多様性』、三一頁。
（一二〇）前掲『ノスタルジック・ホテル物語』、七五頁。
（一二一）前掲『もてなしの多様性』、三一頁。
（一二二）「甲子園ホテル号」、『新建築』第六巻、第七号、新建築社、昭和五年。
（一二三）前掲『もてなしの多様性』、三一頁
（一二四）同右。
（一二五）前掲『器に浪漫あふれて』、一五一頁。
（一二六）前掲『日本司厨士協同会沿革史』、二四八頁。
（一二七）村上信夫『帝国ホテル　厨房物語』、日本経済新聞社、二〇〇二年、七二頁。
（一二八）前掲『運鈍根　ホテルマン50年』、一一二頁。

（一二九）前掲『器に浪漫あふれて』、一五一頁。
（一三〇）高松宮宣仁親王『高松宮日記　第六巻』、中央公論社、一九九七年、一六二～一六三頁。
（一三一）『高松宮日記　第六巻』一六三～一六四頁。
（一三二）『高松宮日記　第六巻』一六四頁。
（一三三）高畑美代子「思い出の道」、『昭和十八年九月卒業・入社実習生の思い出集　飛翔』（東洋紡）、永久会、平成五年。
（一三四）阪神電気鉄道『阪神電気鉄道百年史』、二〇〇五年、一七〇～一七一頁。
（一三五）前掲『器に浪漫あふれて』、一五二頁。
（一三六）前掲『西洋料理六十年』、三一～三二頁。
（一三七）同右、三三頁。
（一三八）前掲『器に浪漫あふれて』、一五二頁。
（一三九）前掲『西洋料理六十年』、三四頁。
（一四〇）前掲「飲食店経営八四年六月号」、一七一頁。
（一四一）白土秀次『ホテル・ニューグランド50年史』、ホテル・ニューグランド、一九七七年、一六七頁。
（一四二）前掲『器に浪漫あふれて』、一五三頁。
（一四三）前掲『運鈍根　ホテルマン50年』、一三二頁。
（一四四）『第三十四回西日本ホテル料理長会（平成十九年十月十日）』、二二～二三頁。
（一四五）前掲『器に浪漫あふれて』、一五二頁。
（一四六）「徳島新聞」、昭和二十九年五月六日夕刊。
（一四七）岸衛『観光立国』、東京ニュース通信、昭和三十二年（初版は昭和二十二年）、五四頁に日本ホテル協会による会員ホテル代表者名一覧表のなかに甲子園ホテルと郡司茂の名が載せられている。
（一四八）『武庫川学院創立三十五周年記念誌』、武庫川学院、昭和四十九年、九〇頁。
（一四九）前掲『器に浪漫あふれて』、一五一頁。

（一五〇）村上實『日本のホテル小史』、中央公論社、一九八一年、六〇頁。
（一五一）前掲『日本のホテル小史』、一五五頁。
（一五二）前掲『日本のホテル小史』、一五五頁。
（一五三）前掲『日本のホテル小史』、一五八頁。
（一五四）前掲『日本のホテル小史』、一五八頁。
（一五五）前掲『日本のホテル小史』、二二九〜二三〇頁。
（一五六）谷川正己「生き続ける大谷石住宅の奇跡」、『Yamamura House 一九二四 Frank Lloyd Wright』、バナナブックス、二〇〇八年、五二頁。
（一五七）前掲『帝国ホテル百年史』、一八三頁。
（一五八）長谷川堯『日本ホテル館物語』、プレジデント社、一九九四年、三〇〇頁のなかで、清水一が『新建築』昭和四十二年十二月号に記した回想を紹介している。
（一五九）前掲『日本ホテル館物語』、三二九〜三三〇頁。
（一六〇）内務省臨時議院建築局編纂『本邦産建築石材』、一九二一年。
（一六一）三宅正弘『石の街並みと地域デザイン――地域資源の再発見』、学芸出版社、四〇〜四二頁。
（一六二）「甲子園ホテル号」、「新建築　第六巻　第七号」、新建築社、昭和五年。
（一六三）『帝国ホテル百年史』、上高地帝国ホテルの石については三二二頁、川奈ホテルは三三七〜三三八頁に書かれている。川奈ホテルの庭には、地元から採石され運搬されるために割られた跡が残る石が散見できる。また建築内部は多彩な大理石の博物館のようである。
（一六四）青木保編『ホテルからアジアが見える』、梶原影昭「マニラ・ホテル『東洋の真珠』の凋落」、海竜社、二〇〇一年、一四九〜一八二頁。
（一六五）前掲『日本のホテル小史』一七七〜一八二頁。
（一六六）犬丸徹三『ホテルと共に七十年』、展望社、昭和三十九年、一一一〜一一二頁。
（一六七）山口由美『帝国ホテル・ライト館の謎』、集英社、二〇〇〇年。
（一六八）武内孝夫『帝国ホテル物語』、現代書館、一九九七年、二二五頁。

（一六九）　白土秀次『ホテル・ニューグランド50年史』、ホテル・ニューグランド、一九七七年、二三二～二三三頁。
（一七〇）　同右、二三三～二三四頁。
（一七一）　山口由美『箱根富士屋ホテル物語　増補版』、千早書房、二〇〇七年、一三三～一三四頁。
（一七二）　前掲『帝国ホテルライト館の幻影　孤高の建築家　遠藤新の生涯』、一四九頁。
（一七三）　「繁岡鑒一舞台美術展（国立劇場資料展示室）」（図録）、平成五年。
（一七四）　犬丸一郎『帝国ホテル』、毎日新聞社、昭和四十三年、一〇五～一〇七頁。
（一七五）　中谷宏規『万平ホテル物語——軽井沢とともに１００年』、万平ホテル、一九九六年、一八二～一八四頁。

あとがき

書きあがってみると、いつしか大学や鳴尾、そして自分が生まれ育った阪神間への思いを書いたような気がする。鳴尾村にできたホテルが、同じ時代に同じ鳴尾村に産声をあげた学校によって、地域に開かれたオープンカレッジとなった。阪神間モダニズムを伝えるためにも大切な場所である。これからも地元の鳴尾の宝物として、また阪神間の宝物として、継承されることを願っている。

思えば大学院生のころ私の初舞台は、この旧甲子園ホテルだった。阪神間を研究した成果を発表させてもらった。そして今、ここで勤めることとなったのは不思議な気がする。この研究の機会をいただいた角野幸博先生に心から謝意を表する。また旧甲子園ホテルでの最初の発表の機会をいただいた「一九三〇年阪神間世界」研究会の小林郁雄氏、天川佳美氏、阪神間研究に導いていただいた河内厚郎氏に感謝する。

そしてこの一年の研究で、旅行作家の山口由美先生には、研究の視点など大きな薫陶をうけた。講演会や取材など何度もご指導いただいただけでなく、当時の甲子園ホテルの写真など貴重な資料までご提供いただいた。

しかし、不思議な一年だった。去年（二〇〇八）一月、偶然にも後輩の結婚式で帝国ホテル大阪の孔雀の間に出会った。翌月には、帝国ホテル東京・総料理長田中健一郎先生と徳島でパネルディスカッションをさせていただくことになった。これは何かの縁かと思いホテルの本をこの年にまとめようと決めた。そして東京出張の時には帝国ホテルに泊まっていた。そうすると年末には、信じられないことになった。勤め先の大学が、帝国ホテルに東京センターを開設することになる。糸魚川学長からそのことを知らされたときが忘れられない。そのオープニングに講演することになる。縁というものは不思議なものである。帝国ホテルの小林哲也社長からホテルとは縁を大切にしているというお話を聞かせていただいたことが印象的だった。

偶然にもこの一年、教員として引率した夏のダイビングと冬のスキーの各講習会で訪れた沖縄と信州、そのいずれのリゾートホテルにおいても、和洋室が用意されていた。甲子園ホテルで林式として誕生した和洋室は、後に遠藤によって信州で板の間付き和室にも展開された。林が目指した空間とは、日本旅館をお手本とした。その林と遠藤により生まれた林式が、今もわが国のリゾートホテルに定着していることを目の当たりにして、甲子園ホテルの果たした役割を強く感じた。また先日投宿した大阪のホテル阪急インターナショナルでは、ジャパニーズスイートとして和洋室があった。平成生まれの大阪の都市ホテルにも、甲子園ホテルの実験がまだ生きている。ちょうど甲子園会館に生活美学研究所が開設されたとき、当時の多田道太郎所長が、甲子園ホテルは文化的環境デザインの実験場であったとし、研究所はそれを継承している。私も、所員としてまた生活環境学科の教員として、学生とともに生活環境デザインの実験を展開させていきたい。

また近年では会館に建築学科もできている。この空間は、環境や食物、建築など様々な分野の学生にとっても貴重な宝物だ。遠藤新は景観と環境にも心を砕き、『婦人之友』（昭和十一年九月）で「『空間の音符』は敷地を越えて景観と呼吸を合せつつ浮揺して居ると想像してよい」、「松の緑と一つなる緑の屋根は層よりして層に静かに水に近づく」などと記し、景観デザインとしても特筆されるべきホテルである。ところが、「これ丈けでは凡てがあまりに静かで弱い。そこで二本の塔（実は煙突）が強く破調する」と書く。この煙突こそホテルの心臓部となる厨房から貫けるもので、厨房は東翼にメインダイニング、西翼にバンケットへとも繋がり、まさに厨房を中心に据えた。料理に力を入れた林愛作とそれを造形に反映させた遠藤の力作だ。

私は毎年、一年間、ケーキやプロ野球、お弁当箱など一つのテーマを決めて研究している。もちろんテーマは違っても、いつも自分の専門である、地域デザイン・まちづくりの視点で研究している。それゆえこのホテル研究もこの一年の成果に過ぎない。今後、様々なご指導を賜りたい。ただこの不思議な縁があった二〇〇八年一月から二〇〇九年一月の一年間のことを書いてみようと思った。また五年間過ごした前任地の徳島と甲子園ホテルとの縁も、不思議なものだ。ライトの山邑邸の近くで生れ育ち、山邑邸前の道路名称を決める市民公募で応募したライト坂が選ばれたのもライトとの縁かもしれない。第Ⅱ部の一部は、昨年茶道雑誌『なごみ』に連載したものであり、淡交社の小川美代子氏には日本の石文化という視点をいただいた。

ホテルという存在は地域にとって大切な場所であり、また一つホテルという視点をもてたことで、今後の地域デザインやまちづくりに活かしていくことで、この一年ご指導いただいた方々へ謝意を伝えていきたい。また甲子園ホテルで戦前から勤められた川端三之助氏と西村修一氏には、この一年間本当に長い時間ご指導いただき心から感謝している。接収時代については、山本啓次郎氏、山之内昭夫氏にご指導いただいた。林田高明氏や甲子園ホテルで結婚披露宴を挙げられた多くの方々とそのご家族に多くの写真や資料をいただいた。一年間、東は日光金谷ホテルから南は沖縄ホテルまで各地のホテルの方々に貴重なお話しを聞かせていただいた。

旧甲子園ホテルの空間が、これからも幸せを生むような場所であるように研鑽していきたいと思う。今後ともご指導くださいますようお願い申し上げます。また研究・出版にあたって武庫川学院の大河原量学院長、武庫川女子大学の糸魚川直祐学長、今安達也副学長、公江茂事務局次長、生活美学研究所森谷尅久所長、甲子園会館庶務課芦田真砂子さんには、温かいご支援をいただいた。記して感謝を表する。

さいごに大学院生時代から執筆の機会をいただいてきた北川幸氏に今回の出版の機会を頂戴し一冊の本にしていただいたことに心から感謝する。

二〇〇九年三月

三宅正弘

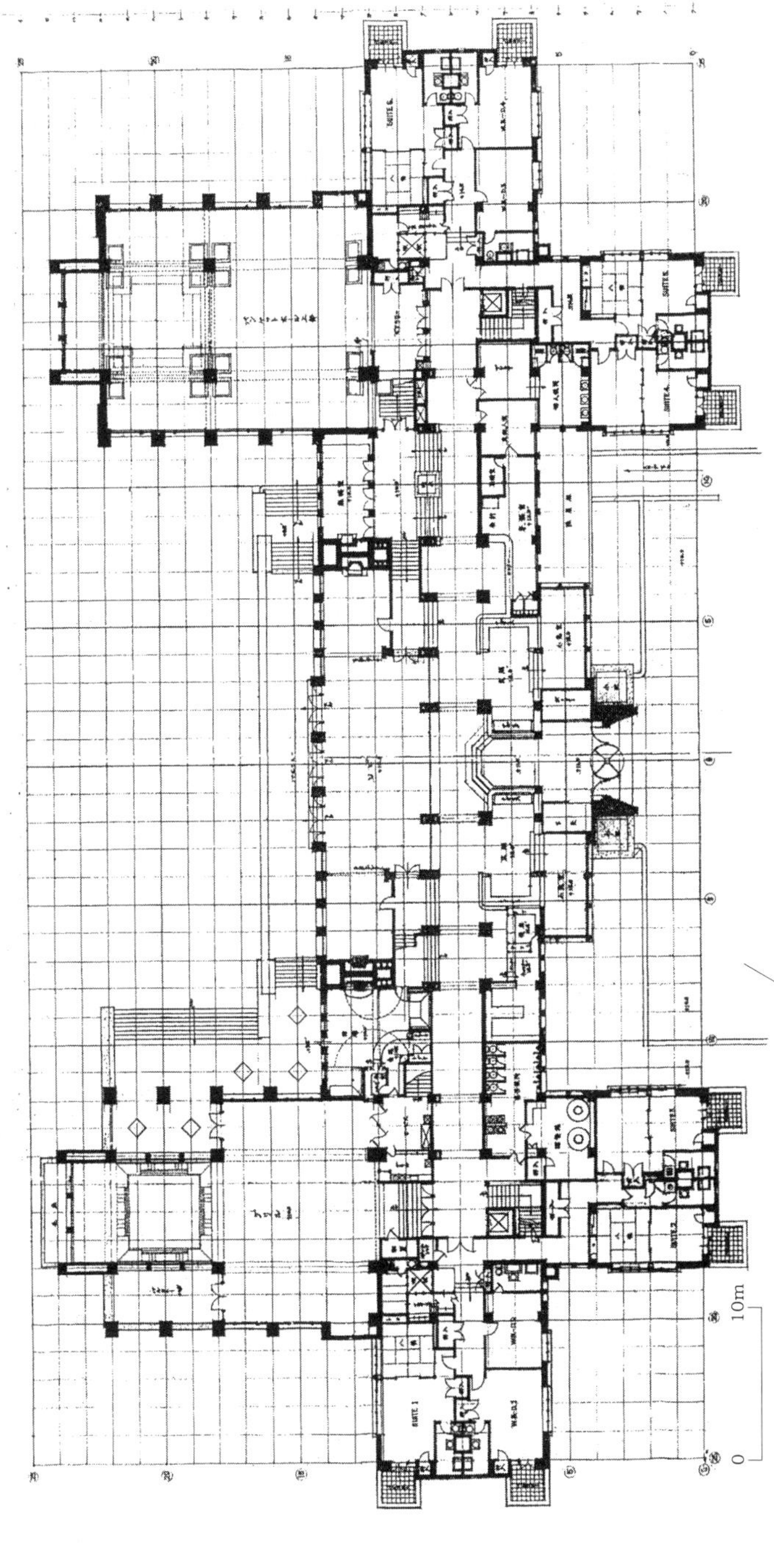

重版補図　甲子園ホテル新築設計図　一階平面図（大林組所蔵）

初版発行後、設計図を希望される読者の方々がおられたため、重版に際し、一階の平面図を掲載した。この図面から甲子園ホテルの特徴をみてみよう。北側の中央玄関からロビー、バルコニー、庭園へと導線が続く。このロビーとバルコニーの下階が、設計者が「南の陽を充分に受けて食堂にしてもよい程の立派さ」と誇った厨房となる。その左翼にメインダイニング（図面にはグリルと記されている）、右翼にバンケットホール。両翼ともに外側と南北の三方向へ展開し（一階は二方向に客室）、二階、三階は三方向とも「短い廊下」で繋がれた客室階となる。

甲子園ホテルを象徴する二本の塔も、ホテルの心臓部である大厨房から伸びている。ホテルは厨房を中心にすえた美食空間、キッチンスタジアムとして設計されたことは確かなはずである。

大阪から甲子園ホテルへ向かった人々は、開通まもないＨＡＮＳＨＩＮ　ＨＩＧＨＷＡＹを走った。この道は、大阪から聳え立つ六甲山へめがけて伸びる。その山のフトコロへ飛び込むように、道は平地からなだらかな坂へとかわっていく。それをのぼりきったところが、武庫川にかかる武庫大橋だ。そこで一面に川の向こうに一大別荘地と六甲山の山脈を間近に望むことができる。橋の向こう詰にある甲子園ホテルは六甲山麓に広がる一大別荘地帯のゲートウェイの役目も果たしていたのだろう。

この橋を渡りはじめるとき、二本の塔のちょうど間に、甲山という小さな山が入る。人々は、この山を魅惑の山としている。高さも、ちょうど３０９《みわく》メートルだ。設計者はそこまでデザインしたのかはわからない。

三宅正弘（みやけ　まさひろ）
武庫川女子大学生活環境学部生活環境学科准教授・
武庫川女子大学生活美学研究所准教授。
1969年芦屋市生まれ。関西大学建築学科卒、京都大学大学院修士課程修了、大阪大学大学院博士課程修了（専攻：環境工学）。工学博士。都市計画事務所や徳島大学助手（専攻：土木工学）などを経て現職。
専門は地域デザイン、まちづくり。また洋菓子、プロ野球、外国客船など毎年、多彩な視点で、これからの都市計画論を新聞各紙連載やテレビコメンテーターで提案している。芦屋市内にある「ライト坂」の命名者でもある。
著書に『石の街並みと地域デザイン』（学芸出版社）、『神戸とお好み焼き』（神戸新聞総合出版センター）、『遊山箱　節句の弁当箱』（徳島新聞社）、共著に『阪神間モダニズム』（淡交社）、『近代日本の郊外住宅地』（鹿島出版会）等。

甲子園ホテル物語
西の帝国ホテルとフランク・ロイド・ライト

2009年5月14日　初版第1刷発行
2017年10月25日　初版第2刷発行

著　者——三宅正弘

発行者——今東成人

発行所——東方出版㈱
〒543-0062　大阪市天王寺区逢阪2-3-2
Tel.06-6779-9571　Fax.06-6779-9573

装　幀——濱崎実幸

印刷所——亜細亜印刷㈱

ISBN978-4-86249-140-4　落丁・乱丁はおとりかえいたします。

まぼろしの大阪テレビ	1000日の空中博覧会	川崎隆章	4200円
アートプロジェクト・エッジ	拡張する環境芸術のフィールド	環境芸術学会	1800円
インドのお義母《かあ》さん（マー）		じゃや	1600円
大災害時の自治体に必要な機能は何か	阪神・淡路大震災の現場に学ぶ	阪神・淡路まちづくり支援機構付属研究会編	800円
兵庫の祭		旅行ペンクラブ編	1600円
関西地学の旅10　街道散歩		自然環境研究オフィス編著	1500円
関西地学の旅11　洞窟めぐり		自然環境研究オフィス編著	1500円
館長と学ぼう　大阪の新しい歴史Ⅰ		栄原永遠男編	2200円

＊表示の値段は消費税を含まない本体価格です。